高考语文

热点作家作品精选

有一种态度比财富更重要

骆青云/著

李雪/点评

哈尔滨出版社

HARBIN PUBLISHING HOUSE

王国军的美文很美，细腻婉约像是江南春水。其作品对于青春与情感具有惊人的准确把握，语句精警，深蕴哲理。

——凉月满天（美文作家）

作为国内最年轻的"情感心灵导师"，他的书几乎拥有畅销保证，近年来，每一部作品销量都屡创新高，给予了众多迷茫的年轻人信心和力量，极受青少年和都市白领追捧。

——钟杉（吉林文史出版社编辑部主任）

或许因为，王国军不仅仅是著名的青年作家，同时还是大学教师和心理学硕士，他著述的文字总给人一种既炽情又睿哲、既洒脱又习静的感觉。他的作品，多如他的这部书名，看似娓娓道来，却是曲径通志书。读之所及，往往是，让人为之一愣，然后，思忖，反刍，感叹。

——纪广洋（全国教育科学"十一五"教育部规划课题组文学专家、著名作家）

态度也是一种精神财富

李雪

前段时间，有位大学同学在朋友圈发了几张泛黄的照片，照片中一张张青涩的笑脸，带我回到了十几年前的大学校园，回到了那个充满欢声笑语的青葱岁月。

当年的我们，是那么的单纯，那么的不知天高地厚，一个个梦想比天大，思想比钢铁还坚硬。可是，在态度上，在行动力上，却各有不同。有的充分利用课余时间去打工赚生活费，积累社会经验；有的向家里借了点钱在校内的创业园内租了间小店做起了小生意，当上了小老板；有的则勤往图书馆里跑钻在书堆里不出来，一心一意地为考研做储备；而有的，自然活得轻巧了，没日没夜地在电脑前"奋战"——玩游戏……

结果，临近毕业的时候，就有人欢喜有人忧了。那个日日夜夜在游戏里"徜徉"的家伙多门课程考试不及格，学位证和毕业证都拿不到；那个勤工俭学的家伙，被一家国企相中，早早地就跟他签了就业协议；那个开店的小老板，将自己的分店开出了校园，开到了市中心；而那个考研的家伙，他辛勤的汗水没有白流，也如愿以偿考上了理想的院校。

而我，当年虽说学的是财务，但是一心想做的是编辑，大学四年都在院报勤工俭学做编辑助理，毕业之后凭着多年的编辑经验顺利地进入报社编辑部工作。之后的这些年，沉沉浮浮，浮浮沉沉，工作单位变动过几次，但是工作岗位总是不变，依然是"编辑"。

有人说我很幸运，得到院报老师的青睐和培养，所以才得以学一行却干另一行，但是我要说的是，机遇从来都是降临在有准备的人身上的。当年的我，态度坚决，目标也明确，毕业之后务必要跻身"编辑"这个行列，故大胆地向学院的勤工处投了简历，并注明自己想在院报编辑室做助理的意愿，我这才有机会接到自己所期盼的"橄榄枝"。

是态度决定了我的前途，是态度决定了我人生的走向，也是态度给予了我别人口中所提及的"幸运"。

态度，它是一种精神财富，是人内心深处一种潜在的意志，是人知识、能力、技能的外在表现。无论我们做什么事，都要具有积极端正的态度，这样才不会与成功背道而驰，才有可能与幸福有交集。

王国军老师这本《有一种态度比财富更重要》，以一个个朴实温暖的小故事带出一个个生活中的大智慧，篇篇耐读，篇篇经典，有的"以情动人"，有的"以小见大"，有的又"以实带虚"，这些写作方法都是考场作文制胜的"法宝"，所以，我们在读此书时，读的不仅是人生哲理，更要读写作方式。

极力推荐这本书给正要参加高考或是即将参加高考的莘莘学子，希望这本书能带给他们一对飞翔的翅膀，能成为他们实现远大理想的助推力，载他们高飞，助他们成功！

（李雪，笔名东薛冰，广西柳州人，现居南宁，广西作家协会会员。）

　　有梦想的年代，我常常会想起自己如花似玉的青春，一群志同道合的朋友，各自在自己梦想的路上努力前行。有想当科学家的，有想当作家的，有想做老板的，一个寝室六条汉子，个个都在摩拳擦掌地奋斗着。

　　那是一段幸福的时光，虽然大家穷得只剩下理想，甚至，周末去吃火锅时，为了省五毛钱车费，可以走上五六里路。没有人笑谁寒酸，大家都是平等和相互尊重的。

　　在我进工厂的第二年，朋友提出自己开一家超市，因为他父母身体不好，一直卧病在床，等着他赚钱照顾。有人便说："要不，大家给他帮忙吧。"朋友沉默良久："我没工资给你们发。"大家就说："都是好朋友，只要你父母能早点好起来，我们也就心安了。"我接着说："是啊，当老板不就是你的梦想吗？有梦想，就不该慌。"

　　店面是我们选的，装修也是我们弄的，看着我们为他忙这忙那的，朋友甚是感激。接下来的时间里，超市顺利开张了。因为服务态度好，价格又便宜，很快获得了顾客的青睐。那几年，朋友的超市越做越大。

　　然而，当朋友的分店开张后，大伙儿便集体退了出来，用他们的话说，朋友已经不需要大家了，他可以独立处理自己的事情了。于是，我又听到大家追赶梦想的声音：中科院的复试已经通过了，大家祝贺我吧；我的第一本新书快出版了，我的梦想快要实现了……

　　梦想如金，总能激起我们一层又一层的斗争；梦想似水，总能冲走一些年少时光里的坎坷与碰撞。有梦想，就如同行走有了方向，飞翔有了目的。

有梦想，我们不苦，因为我们还年轻，我们在用双手改变自己的命运，所有的艰辛和痛楚都是为了明天的成功。明天是多么美好，我们今天的一切，都在梦想的怀抱里。

未来笑意盈盈地向我们伸出了双手……

是为序。

第**1**辑
态度比财富更重要

辛格沉默了。田汉亭平静地说道："中国还有句俗话，我也送给您，有一种态度比财富更重要，那就是尊重，这就是我一再拒绝您的原因，我相信，您能懂。"

第**2**辑

幸福在，就心安

其实，幸福从来都是简单的，真实的，就像散步，就像全家人一起快乐地聚餐，就像你为你的爱人做一件力所能及的事，虽然朴素，如和风细雨一般，却能时时刻刻温暖你的心扉，因为幸福在，就心安。

第**3**辑

每一个微笑背后都有一颗坚韧的心

她望着母亲，也不说话，把那又矮又丑又胖的女人抱了过来，双手紧紧地握在一起，她用这个有力的动作，向父亲承诺，不管是现在，还是将来，她们都会相依在一起，形影不离。只因，她是她唯一的母亲，她是她唯一的女儿。

第4辑

做一个有"问题"的人

其实生活本来就是一个完善自我、超越自我的过程，只是有的人懂得早，有的人懂得晚，有的人甚至一辈子都不懂。记得一位伟人说过：没有学问的人生，就是堕落。回过头来看看当初那个喜欢问问题的小学妹，到最后她问的问题是越来越少了，而能回答她的问题的人也越来越少了。因为这个时候，她已经不再是那个不懂事的小孩子了，而是一棵可以抵挡暴风雨的参天大树。

第**5**辑

成功的后面是什么？

　　有相当多的一部分人不是输在挫折上，而是输在头一两次的成功上，可见，如何面对成功，也是一个很严峻的考验。成功的后面是什么？如果一个人总是醉心于昔日的成功，念念不忘，试图留住过往的美丽，那么，成功的后面就是失败。只有不躺在荣誉上睡大觉，认识到以前的成功只能说明过去，那么，成功的后面还是成功。

第 **1** 辑
态度比财富更重要

辛格沉默了。田汉亭平静地说道："中国还有句俗话，我也送给您，有一种态度比财富更重要，那就是尊重，这就是我一再拒绝您的原因，我相信，您能懂。"

梦想的琴弦

作家心语：梦想的力量究竟有多大？每个人都会有不同的认识。但不管怎样，有一点是可以肯定的，那就是梦想有多大，你将来的成就就有多大，你的成就永远不会超过你的梦想。

从进门的那一刻起，我就一直留意她们。是一对母女，都穿着相同颜色的连衣裙，颈上都挂着相同的吊坠。年轻的女人，头上戴着一顶蓝色的帽子。而小女孩，牵着母亲的手，在前面蹦蹦跳跳，眼睛左顾右盼，看得出，这是一个聪明活泼的孩子。

但奇怪的是，女孩的左手总是插在口袋里，一动也不动。女人边走边说，小心点，小心点，别撞到了。女人的脸上，始终是一副笑意盈盈的表情。

女孩走到一把吉他旁停了下来，女人的眼也亮起来，她指着吉他说："这是我最喜欢的乐器了。我和你爸爸的认识，就源于它。"女人小心地触摸着琴弦，她的眼里散射出无限柔情。

"那一定是爸爸追你吧。妈妈，快给我讲爸爸追你的故事。"女孩兴奋地嚷。

在这个人来人往，吵闹喧哗的音响店，女人居然给女孩讲起了过去的事，但很奇怪的是，谁都没有去打断她，所有的吵闹也在数分钟后停止。

怕她站累，服务员还专门给她搬条凳子来。

女人走动的时候，大家才发现，她的腿有点瘸。

听服务员说，女人是这个店的常客，在这里买乐器的基本上都认识她。女人是从北川搬过来的，以前是一家培训机构的音乐老师。

女人说到动情处，女孩就不停地咯咯地笑。大家都跟着笑，轻松而愉悦的笑声顷刻洒满了房间。

直到说累了，女人才站起来，发现那么多双眼睛都在关注着，女人的脸一下红了。

女人将女孩抱到了钢琴前的凳子上，我听见女人说，好好弹，用心弹。然后就在旁边的凳子上坐下来。女人摸了摸脖子上的吊坠，然后朝女孩点点头，女孩这才伸出一直插在口袋里的左手，我分明看见，她的左手少了两个指头。

女孩把左手放到了琴键上，一串流畅的音符便行云流水般泻了出来。女孩试图将音域拉得更宽一点，她的整个身体都左右摇摆起来，但是她失败了。她每失败一次，就把头扭过来，女人朝她点下头，女孩也点点头，信心满满地转过去。

我终于忍不住了，坐在她旁边，我说："你是音乐老师，为什么不过去亲自教她呢？"

女人说："我得让孩子学着长大。"沉默了一会儿，她又说："等几天，她就要参加一个省里的比赛。你也知道，那场该死的地震，让她少了两根手指，她一直都很灰心，认为自己将来再也不能弹琴了。直到前天，我才劝服她，现在我要做的，就是让她重拾信心，让她知道，即使少了两个手指，她也能和正常人一样地生活，甚至比以前活得更好。"

"那为什么不叫父亲来陪她呢？"

女人摸了摸吊坠，声音有点低沉："他就躺在这里面呢。"见我惊讶，女人告诉我，她的丈夫是名军人，在抗震救灾中英勇殉职。

我的心一紧，连忙说："那孩子知道吗？"

女人摇摇头，朝孩子点点头，然后对我说："我不敢说，父亲一直是她的精神支柱，我怕她知道了，承受不了，我只能说，父亲去执行一项绝密任务了，要十年后才回来。"

"这她也信？"

"是的，她一直以她的父亲为骄傲，为了不穿帮，我每半个月都要让我的同事以她父亲的名义邮寄一封信。"

"可是孩子终有一天会知道的啊？"

"是的。"女人平静地说，"但那个时候她已经长大，她已经明白，痛苦其实是生活的一部分。可是你现在叫我怎么办？告诉她？将她刚刚愈合的翅膀又重新折断？她还只是一个孩子，一个六岁的孩子。"

女人看了看吊坠，继续说："今天她突然告诉我，她好想拿到第一名，我想，她又做回了从前。真好！"

女人又看了看孩子，然后站起来："今天的时间已到了，老板答应我们，每天让我们免费练习两小时。"

女人招了招手，女孩一溜烟地跑过来。

我送她们出去，女孩突然挽着我的手说："叔叔，我一周后要参加全省钢琴比赛，你一定要祝福我哦。等我拿了第一名，我请你吃冰激凌。"我鼓励她说："那当然。"

还有什么可说的呢？眼前的这对母女已经彻底地恢复了自信和勇气，我只有远远地祝愿她们，衷心地祝福她们，从此不再受到任何的伤害，从此，快乐健康地生活。（此文2010年曾被用于广元中考试题）

★★★ **点 评**

　　深重的爱载着梦想起航，母爱之伟大尽在不言中。本文用朴实的语言述说着一个温馨的故事，一个有关梦想的故事。主题十分明确，语言非常流畅，感情颇为细腻，不失为一篇考场佳作。

每一朵鲜花都朝太阳奔跑

> **作家心语：**每个孩子都在朝着太阳奔跑，是父亲给了他们信心和勇气。

我初中毕业那年，母亲得了一场大病，花光了家里所有的积蓄。眼看着开学的日子越来越近，我和哥哥的学费依然没有着落。父亲把旱烟袋抽得啪啪直响，但里面没烟，父亲抽的是无奈和焦急。

父亲只好去借高利贷。说实话，我是不愿意去读师范的，我想读高中，读大学，但在生活窘迫的那个年代，只是一种奢望。父亲希望我能早日参加工作，以缓解家庭沉重的压力。

入学后，家境贫寒的我吃饭的时候，只能跑到偏僻的教学楼顶层，啃着冰冷的馒头，唯一的菜是从家里带来的咸菜。班上自发组织的活动，我是从不参加的，因为没钱，我只能躲在寝室里看书或者胡乱写些文字。

不过，我也有让大家羡慕的事，那就是我写得一手好毛笔字，还有我经常能在校报上发表几篇豆腐块，它让我在别人如刀的目光中至少可以找回点自尊。

毕业那年，学校准备组织一批有书法功底的学生去省里参加培训，班主任推荐了我。考虑到我家的情况，班主任特意向学校申请，减免了我一半的费用。尽管如此，剩下的钱，对我来说依然是一个天文数字。

消息传到班上，很多人肆无忌惮地攻击："瞧他这个德行，穿的还不知是哪个垃圾堆里捡的臭鞋。还想鲤鱼跃龙门，500块，出得起吗？"

一直以来，我穿的都是一双雨鞋。被割掉一半的雨鞋，是入学时母亲给我做的，她说："城市里的人都穿皮鞋，咱买不起，我就给你做双，穿上，照样神气，不输给城里人。"于是，在同学们冰冷的目光里，我照样把鞋子踩得噔噔直响，一脸傲然。

我很想去参加培训，那些天，我一直都在做一个同样的梦：我站在雄伟壮观的展会大厅里，手捧着书法比赛的最高奖项，下面是那些曾鄙视和嘲笑我的同学，他们羞愧地低着头。我的心飞翔起来。

父亲打电话过来，他还是那句话，就算砸锅卖铁也要支持你。于是，我期盼着父亲能早早把钱送过来。等了三天，仍没见消息，离最终确定的日子，只剩下一周了。班主任再次找我，问我有什么困难。我咬咬牙，说没有。背后传来一阵冷笑，无知的坏笑。

中午时，突然有人叫我："你爸在门口等你呢。"我反问："你怎么知道是我爸爸？你又没见过他。"同学摆出一个拇指向下的手势说："那还不简单，和你一样穷呗。"跑到门口，果然是父亲，他手里提着一大袋黄米粉，说："这是你母亲给你做的，香着呢。要搞好同学关系，好东西不要只一个人享受，所以你妈妈让我多带点过来。"我反驳说："他们才不稀罕这些破东西呢。"我看见父亲本来充满笑容的脸一下子落寞了，良久，他才说："儿子，咱家是穷，可也穷得有骨气。"

我留父亲吃了一顿简单的午饭，到走的时候，父亲依然只字不提500元的事，我忍不住说出来。父亲从身上摸出一小团烟草，塞在烟枪里，划了几根火柴，才点燃。父亲在青烟里平静了一下心情，他沙哑着说："孩子，只要你写得好，终究能出人头地，何必在乎一场培训呢。"然后，用不知从哪里学来的一句话补充："如果你是鲜花，你总能朝着太阳奔跑。"

父亲的话，其实在我的意料之中，但我还是哭了，为自己没有能在同学面前潇洒地抬一次头。班主任再次找我，我没有说家里出不起钱，我只是说我想写一本长篇小说，想朝写作方面发展。

就在培训团出发的当天，电视上报道，附近的一座黑煤矿发生瓦斯爆炸了，死了好多人。母亲着急的电话打来了："你爸说去井下给你挣培训费，回来没有？"我顿时觉得天昏地暗。连忙朝门口跑去，不远处一个熟悉的人影跑过去，正是父亲！他脸上的胡须很长了，一件衬衫已经褴褛不堪，手上还有道道鲜明的伤痕。

父亲不安地说："有没有耽误你的行程？你快去吧，我把钱带来了。"我一把扯住他的手，热泪满面："爸，你怎么能去冒这么大的危险，要是你不在了，我可怎么办？"父亲搓着手说："孩子，你爸不是个言而无信的人，答应你的事，我就尽力做到。我运气还好，刚上来，就爆炸了。"父亲说完要去找我的班主任，我说："爸，我早想通了，我不去了。您不是说过吗，是鲜花总会朝着太阳奔跑，我相信我是一朵傲人的花。"

那一刻，我才真正觉得自己长大了。后来，我参加了省里组织的青少年书法比赛，获得一等奖，还接受了电视台的采访。当我捧着金灿灿的奖杯回学校时，所有的同学都对我刮目相看。

后来我凭着优异的成绩考上了研究生、博士。今年，我又出版了第一部长篇小说。我真的在朝着太阳奔跑，是父亲给了我信心和勇气。（此文被用于泰州市姜堰区2013—2014学年度第一学期九年级语文期末调研试题）

点　评

这篇文章最成功之处就是"真情流露"。考场作文最忌讳的是"假真情"和"真虚伪"，若想"以情动人"，必须写自己的亲身体会，将别人的经历嫁接到自己身上，作为自己的经历下笔的话，换来的结果必然是"不真实"。

在仇恨里开一朵宽容的花

作家心语：这个世界上，每一次善举，都是在给自己开一朵绚丽的花。

父亲说，这个世界上，只有宽容，才是一个人终生快乐的行囊。这是父亲和他说的最后一句话。但他没听父亲的话，他的小小世界里满是仇恨。7岁，他会抢起砖头把邻居家的窗户砸个粉碎，然后在夜色掩护下跑得无影无踪。8岁，他会偷偷在女同学的桌子下钉一颗钉子，然后听着裙子被划破的声音而得意大笑。

13岁，他读初中，没过半个学期，他因臭名昭著多次受到校长的点名批评。只是对这个无依无靠的孩子，谁也无可奈何。15岁，因为他的多次恶作剧，已经气跑了两个班主任，第三个班主任是年纪轻轻的女教师，刚毕业，长着一张稚气的娃娃脸。

第一天走进教室，他在讲桌和黑板上涂满红颜料，他以为这样就能把她吓跑。出乎意料的是，她却视若无睹，继续讲着课。那天，她讲的是她小时候的故事，学生们都听得非常投入，唯有他例外。他把眼睛眯得细细的，脑海中闪过千百种对付她的念头。接下来的一周内，不管他如何闹，如何使小动作，老师总是不瘟不火，路上遇见，隔老远就跟他打招呼。这使他有些受宠若惊。

他很快注意到，几乎每个周五的下午，老师都会去一趟老城区。他感到很好奇，有一天，他悄悄地跟在后面。

转过几条街道，在一条偏僻的街道停住了。意外就是在这个时候发生的，一辆摩托车呼啸着冲了过来，坐在后面的一个小伙子顺手就抢过了她手上的包，朝前呼啸而去。他先是怔住，然后撒腿朝前跑，边跑还边喊。

也许抢匪太过紧张，转弯时，摩托车翻倒在地。他低声骂了句"活该！"然后从在地上抽搐的歹徒手里抢回提包，正要往回走，却见班主任低身弯下腰。不会想以德报怨吧。他想，这只是在电视里看过的情节。"快帮我抬一下。"老师发话了。他愣了一下，走上去帮忙。

从医院回来，老师说："谢谢你的帮忙，要不然我还真抬不动两个大男人。其实，你的心肠并不坏，只是被仇恨迷住了眼睛。"

他再次愣住，忽然想起父亲临终前所说的话。老师瞟了他一眼，继续说："在接受这个班之前，我也知道一些你的故事。你们家以前很富裕，只是因为你父亲善良，收留了个无家可归的小偷，结果他把你家值钱的东西一卷而空，你父亲也在郁郁中死去，母亲也改嫁，从这个时候起，你就憎恨这个社会，你觉得你家变成这样，都是这个社会害的，你觉得你自己存在的价值，只是报复，也只有在无休止的报复中，你才能找到快乐。"顿了顿，她又说："其实，我的家庭也和你一样，有过类似的遭遇，但我从没悲天悯人过，我一直是以宽容的态度来对待生活。每个周五，我都会去老城区，那里有几个孤儿等待我的救助。孩子，不要再仇恨下去了，学会用一颗善良的心来面对你周围的人吧，就像你今天做的这样。"

他是低着头回家的，泪水却早已湿透了他的脸庞。从那以后，他仿佛换了个人。不再搞破坏，不再恶作剧，每天都认认真真看书，一有不懂的，就往老师那里跑。三年后，他考上了长沙的一所重点大学，大学毕业后，他去了广东工作，凭借着优异的表现，他现在已经是一家企业的副总经理，他就是我的哥哥。每年他都会去看望他的老师，每次他都会动情地说："老师，我之所以有今天，都亏了您当年的循循善诱。我真诚地谢谢您。"

是的，这个世界上，每一次善举，都是在给自己开一朵绚丽的花，或许你曾被别人欺骗过，或许你曾憎恨过，但你无法一下子改变这个社会，你唯一能做的就是在自己的心里种一颗善良的种子，把爱孕育，让爱开花。这些绚丽的花，会温暖你和你的周围，一朵一朵连起来，世界就能阳光明媚，花团锦簇。

（该文曾用于2012年襄阳中考语文学业水平能力测试试题）

点 评

点评：大智慧寓于小故事中。开篇直入主题，结尾再用一段哲理性的文字点题，首尾呼应，结构严谨，是本文的妙处所在。中间叙述故事部分，文笔细腻，感情真挚，也是考场作文的得分点。

打开自己的另一扇窗

作家心语： 卖菜和做人是同样的道理，不如干脆把自己的心袒露出去，把微笑拿出来，从而获得别人的尊敬和认可。

爷爷是个菜农，种了一辈子的菜，也卖了一辈子的菜。说来也奇怪，爷爷卖菜不管去哪个地方，不到半个小时满满的一担菜就被抢售一空，有一次，我和哥哥好奇，说我们也去卖菜，去体验一下。爷爷欣然同意。

我和哥哥担了菜，去市区，正好碰见叔叔也在卖菜，自然我们就摆在了他的旁边。叔叔的菜很整齐，很新鲜。相比之下，我们的菜上面有很多斑斑点点。来叔叔旁边买菜的人大都是年轻人，虽说我们的菜很干净，但别人翻了翻，总说我们的菜质量不高。

到了下午，我们担着大半担菜回来了，爷爷惊讶地问我们："你们为什么不说说自己的菜呢？"我说："叔叔的菜很漂亮，我们的比不上。"爷爷说："你叔叔的菜只能糊弄那些年轻人，因为他的菜是靠药扶起来的，经常是今天打了药，明天就去卖，我们的那才叫绿色蔬菜。"

过了一会儿，爷爷就说："我带着你们去卖吧。"爷爷带着我们去了另一个小区，他说他从没来过这里，爷爷的旁边还坐着很多卖菜的人，那菜和叔叔的一样漂亮。

只见爷爷不慌不忙地拿出几个土鸡蛋放在前面，见到顾客远远地走来，爷爷笑脸相迎，还不时交流一些做菜的经验，遇到有疑问的顾客，爷爷拿起蔬菜解释着："看起来有些小孔，但没打过农药，这个时节，不打药就喂饱了虫子啊。不过，这样的菜，吃起来放心。"还没半晌工夫，爷爷的菜就卖出一半了。等再有顾客仔细翻的时候，爷爷却意外地没解释，回家时，爷爷告诉我大家都认可了，就没有必要再费唇舌了。

他拉着我们的手说："其实卖菜和做人是同样的道理，你把自己隐藏得越深，就越得不到别人的认可，与其这样，还不如干脆把自己的心袒露出去，把微笑拿出来，从而获得别人的尊敬和认可。"（此文被用于2010年益阳市桃江中考模拟试卷）

★ 点 评

　　"从生活的小细节中挖出生活的大智慧"，这也是考场作文的制胜点之一。做人和卖菜，看似风马牛不相及的两件事，其实还是有共通点的，这就需要我们在日常生活中仔细地挖掘，认真地体悟。

罗伯斯：每个生命都是一种行走

作家心语：每个生命都是一种行走，坚持走下去，方才有自己的出路。

　　罗伯斯是古巴著名的田径运动员，他被誉为古巴运动史上最伟大的英雄。他以12秒87的成绩，一举打破了刘翔保持的男子110米栏的世界纪录。

　　然而很少有人知道，就在北京奥运会前，他还经历了一次死里逃生。

　　生活中的罗伯斯喜欢聚会、音乐和跳舞，尤其对旅游情有独钟，他从小的理想就是做一次环球旅行。但是因为训练和比赛，这一计划每次都被搁浅。

　　2008年5月，他认为时机终于到了。

　　背上厚厚的旅行包，他坐上了到埃及的飞机，他的第一站是金字塔，而最后一站则是中国北京。如果没有出现意外，他到北京后还能参加为期半个月的封闭训练。

　　下了飞机，他没有坐汽车，而是选择了一路小跑。凭着良好的身体素质，不出半日，他就前进了30英里。

　　中午，他简单地吃了一点干粮，给母亲报了个平安，准备继续前行。按照计划，他将在晚上6点到达金字塔，到时可以美美地吃上一顿丰盛的晚餐，当然还能喝上他最喜欢的香槟。

　　然而，他没有料到，一个巨大的旋涡竟然会在他身后500米外形成，并以箭一般的速度向他扑来，来不及思索，他本能地往下面一倒，但还是没能幸免。

半个小时后，他才从昏迷中醒过来，他被带到了另一片沙漠里，地上一片狼藉，除了一瓶水和三块散落的饼干，他发现风暴也没给他留下什么。更为糟糕的是，他迷了路，他不知道眼前这一片浩瀚的沙漠，他何时能走出去。

吃了一块饼干，等身体恢复些力气，他开始起身。此时的罗伯斯清楚地知道，不管有多么艰难，他都必须走出去，否则将永远再没有在"鸟巢"一展雄风的机会了。为了能节省体力，他不得不放慢速度。

下午，天气变得异常炎热，他渴得厉害，但他一直忍着，只有在感觉难以支持的情况下，才小心翼翼地打开水瓶，轻微抿一口，然后，快速地盖上。

一个下午加一个晚上，他不知道自己走了多远，第二天天亮的时候，他依然看不见尽头。前后左右，都只有讨厌的黄沙相伴。

实在是支撑不住了，他找了感觉稍微安全的地方躺下，一小时后，他继续前进。累了就倒在沙子上睡会儿，醒来了就继续走，到了第三天下午的时候，他已经什么都没有了，为了生存，他不得不把自己的尿液装在了瓶子里。至于吃，他只得寻找沙漠里那些仅存的稀有小草，抹一把就塞进嘴里，如果能捡到骆驼拉下的一团干粪，此时，对他来说已经是最丰富最美的晚餐了。

就是在这样恶劣得让人难以置信的环境里，罗伯斯却整整坚持了十天。与炙热的天气搏斗，与随时席卷而来的龙卷风斗智斗勇。

最后一天的行走，他突然看见沙坡的对面有个巨大的湖泊。几乎是随着一声尖叫，他像狼一样奔过去。前面是一段水草地，他大踏步走过去，他没意识到灾难再次来临。直到身体猛然往下面沉，他才慌了，但越是挣扎，就越陷得厉害。

他忽然想起小时候看过的《长征》，脑子里立刻冷静下来。他尽量把身体展开，来增大身体的浮力。五分钟后，他听到不远处有人说话的声音。他大声呼叫起来，很快他就听到了对方的回答。

他以英语回复了他们的叫喊。

他得救了。他也成为了第一次经历了两场浩劫都能大难不死的明星。

在医院休整了两天后，他给父亲打了个电话。

面对闻讯而来的媒体，他深有感触地说："这十天比我二十年的收获还要多，因为我学会了一步步地生活。我永远都不知道出路会落在脚下的哪一步，所以我只得向前，再向前。我至此才深深明白，其实，每个生命都是一种行走，坚持走下去，方才有自己的出路，做人是这个道理，做事也是这样！"

（此文被用于2011年湘潭高中自主招生试题）

点 评

用体育明星背后的故事，点出"生命"、"行走"、"坚持"、"出路"的意义，是本文的亮点所在。在考场作文中，引用名人名言或是名人事例为文章增色，也是得高分的方法之一。

六个馒头，半个世纪的爱

作家心语：六个馒头，五十年情缘，让这两个情侣明白：

承诺，永生不变，因为那六个馒头的情，本就价值连城。

那是20世纪40年代，长期的战火，让许多原本幸福的家庭支离破碎，背井离乡。他就是其中一个。

那时，他才16岁，父母在做完馒头后就被突如其来的炮弹炸死。他身上除了父母留下的十个馒头外，别无他物。

拿着简单的行李，他踏上了去远方投奔亲戚的路程。一路上，到处都是落难的人们，不少人不是冷死就是饿死了。他小心地揣着那十个馒头，那可是他长达半个月的盘缠，就是再饿，也舍不得吃。

路过一个村子的时候，他去取水，发现有一个年龄相仿的女子昏倒在水井旁，是饿昏的。于是，他立即从怀里拿出一个馒头。

女生吃饱后，他问："也是去投奔亲戚的吗？"

女生点点头，他又拿出一个袋子，把剩下来的馒头分了五个出去，他说："我们凑合着把这一段艰难的行程走了吧。"分道扬镳时，女生拉着他的手说："如果战争结束后，你还活着，请来找我，我愿意嫁给你。"

那是1943年，中国人印象中最黑暗的一年。

他好不容易等到抗战结束，去找她，却不想被国民党士兵抓着了，当了壮丁。兵败后，退到了台湾。

五十年后，一切都发生了翻天覆地的变化，他已经变成了白发老人，却从没有结婚，只因对方那句承诺。他的房间里摆满了剪纸，是她教他的。

五十年里，他试图几次去寻找，但都杳无音信，原本想放弃，但终究心有不甘，在几个大学生义工的帮助下，他再次踏上了寻亲的路程。

从湖南到贵州，他一个一个地方地找。终于在一间挂满剪纸的老房子面前停了下来。

从里面走出一个满头银发的老人，手里还拿着一堆剪纸，他只望了一眼，就泪眼婆娑了，因为那剪纸的头像，不是别人，正是他自己。

她说："我等了你整整五十年。"

他说："我找了你整整五十年。"

她拉着他的手说："日本人投降后，你没来找我，我以为你死了，所以从那天起，我就把你的头像剪成纸，然后再烧给你。后来，很多人给我介绍，但我的心里都容纳不下别人，你知道吗？你那六个馒头让我得到了重生，更让我勇敢去爱，去等待。"

时隔五十年后，两个年过花甲的老人紧紧抱在了一起。不久后，在全村人的见证下，他们举办了一场简单而又幸福的婚礼。

六个馒头，五十年情缘，让这两个情侣明白：承诺，永生不变，因为那六个馒头的情，本就价值连城。【此文曾被编入语文热点题库全真模拟试卷（三）】

★★★ 点评

　　"说故事"是考场作文一贯的写法。但是说故事也要说得有技巧，这技巧就是"感人"。说感人的故事，不需要优美的文笔，不需要华丽的辞藻，只需要一颗真挚感动的心。只有感动了你自己，才能感动别人。

把思绪延伸一厘米

> **作家心语：** 成功，有时候只是把别人的思绪往前延伸了
> 一厘米，坚持了，做了，所以成功了。

他出生于意大利热那亚的一个工人家庭，虽然他的父亲是一个著名的纺织匠，但是他从没有对纺织产生过任何兴趣。每天，他都站在海边望着远方，他想知道，如果自己从这边游过去，对面会不会有更繁华的城市。

他经常会问父亲："我什么时候能到对面去看看？"父亲说："等你长大了，有钱了，买了自己的船，就可以去了。"他接着沮丧地说："那我什么时候会有钱呢？"父亲蹲下来，严肃地说："孩子，只要你把眼光放远点，财富迟早会被你左右。"

一次偶然的机会，他从父亲的朋友那儿借来了一本《马可·波罗行纪》，他如获至宝，待在房间里，如饥似渴地读着，一周都没有出来。等读完了，他热血沸腾地对父亲说："我希望能去黄金满地的日本。"那一年，他才8岁，他说他的梦想是当一名出色的航海家。

为了实现能拥有一条船的梦想，在1476年，他参加了一支法国的海盗船队，后来流浪到葡萄牙，做了一名水手，开始了他的航海梦想。但是，他并不满足于近海航行，而是把目光瞄准了更远处。通过申请，他获得了一次去冰岛的机会，在到达冰岛之后，他却并没有停止，而是继续向前航行了160千米，这次航行的成功更加坚定了他西航的志向，那一年他26岁。他坚定地对父亲

说：“我的目标是横跨大西洋，去彼岸的亚洲。”

当葡萄牙不能满足他的雄心壮志时，他毅然选择来到西班牙，凭着三寸不烂之舌，他硬是说服了所有反对他的人，尽管这个过程相当漫长，漫长得花费了他整整八年时间，但他并没有因此意志消沉，他执着地相信，只要把视野放远一点，海那边就有无穷的财富在等着他。

1492年8月，他带着招募的88名水手和3艘船出发了，由于这次航行牵涉着大家的切身利益，所有人都信心百倍，但是船在大海上整整航行了三周，都没看见陆地的影子。很多人都犹豫了，抱怨这是一次愚蠢的行动，甚至叫嚣着：“海那边根本没有大陆，他是想把我们带进地狱。”但他根本不为所动，只是执着地坚持一直西行。

在坚持11天后，他们终于发现了一个海岛，所有的人都尖叫起来。此时的他不再是一个探险家，而是一个新大陆的发现者。是的，他就是蜚声世界的哥伦布。在哥伦布发现新大陆，回到西班牙后，他受到了史无前例的盛情招待，很多人嫉妒他，说不就是带了几艘船，发现了块陆地吗？这事人人都可以做到，没什么了不起。这话传到哥伦布耳朵里，他只是微微一笑。一天，他带了个自制的地球仪进宫，正好有人对他发泄不满，他把地球仪拿出来说：“你看见了什么？”对方傲慢地说：“欧洲大陆。”哥伦布指着左边说：“这是什么呢？”“是大海。”“你再想想。”对方毫不犹豫地说：“一望无际的大海。”哥伦布稍微转动了一下地球仪，说：“不，是大陆。其实地圆之说已经是众所周知的了，可你们不愿去想，也不愿去做，我只是把你们的思绪往前延伸了一厘米，我坚持了，我做了，所以成功了。”

★ **点　评**

　　选取古今中外具有代表性的事例佐证文章的主题，是考场高分作文的一个普遍写法。本文用哥伦布发现新大陆的事例来点出全文的主旨：把思绪向前延伸，想到就要做到，才能采摘到胜利的果实。

每个人都是一座城堡

作家心语：在灾难面前，每个人都是一座城堡，连起心来，就能不断创造生命和爱的奇迹。

她是一名导游，由于才思敏捷，口齿伶俐，深得旅客的欢迎。入行仅仅两年，就成为了旅行社的红人。2007年，她被评为重庆市最受欢迎的导游之一。

那天，她本来是请了假去陪父母的。工作以来，她已经有一年没有回去看望父母了。她感到深深的愧疚，前不久，母亲病了，住进了医院，她答应父亲，尽快回去。可旅游团点名要求她带团，她也没再坚持。

和旅行社的领导告了别，她带着十一个旅客上了路，目的地是汶川。一路上，她为旅客们精彩地讲解着汶川的历史典故，不时赢来阵阵掌声。

中午十二点，他们在都江堰的旅店里用完午餐，继续上路。

这时，她忽然觉得心头堵得慌，她以为是晕车的原因，就没放在心上。但她没料到，一场大灾难会不期而至。车还没出友谊隧道，就急剧晃了起来。两边的路面上到处是飞溅的石头，凭经验，她敏锐感觉到是地震来了。她马上把这个消息告诉了旅客，不过，她的语气平缓而冷静。

为了活命，她呼喊司机加快车速，因为只有这样，才能避免塌方带来的厄运。车子刚刚跑出隧道，她就听见后面传来轰的一声，从反光镜里，她看见很多小车都淹没在废墟当中。

她准备打个电话，向旅行社求救，但是她发现，手机已经失去了信号，这时是下午两点三十分，更为糟糕的是，天空飘起了雨，周围的泥石流也猖獗起来，不时有小石头砸在了他们的车上。挡风玻璃都被砸碎了。

两分钟后，车子开到了一条河边，前面已经没有路了。所有的人都下了车。

恶劣的环境再加上食物的短缺把他们推到了绝境。此时，无助的她知道，当下的情景，除了自救，他们已经找不到其他办法了。

为此，他们不得不顺着河边徒步往回走。路滑，她就手牵着大家的手一步一步慢慢走；粮缺，她向附近的村民借了两斤米，熬粥吃。在仅有的几小时睡眠时间内，她找来一块薄膜，让妇女儿童睡在下面，自己和男同志围在外面，挡风遮雨。

天蒙蒙亮，他们起程，继续朝前走。她坚信，他们一定能脱离危险，平平安安回到重庆。

在常人难以想象的跋涉中，他们却取得了搏击灾难的快乐。与肆虐的泥石流争分夺秒，与倾盆的大雨周旋，与频繁发生的余震搏斗。虽然，预计完美的旅行变成了一场逃难，但他们仍然表现得自信和快乐。

最后的厄运，在路过紫坪铺水库时再次降临。强烈的余震使水位暴涨，暴雨又挟裹着狂风打来，好几个旅客都跌进了湍急的流水中，生命悬于一发。她立刻让其他人脱下衣裳，结成一根绳索。没有人会想到，在这样的情况下，她还如此镇定，还如此心向着大家。然而她做到了，所有的人也因此获救了。

他们也成了距震中最近，逃难公里数最长，也是零伤亡的团队。这在地震史上还是头一次，她以非凡的勇气、卓绝的智慧，创造了一个生命上的奇迹。

回到重庆后，她受到了不少人的追捧，她很快就成为了"明星"，不少媒体想方设法去采访她。有记者问及她此行的感受，她只说了一句话："在灾难面前，每个人都是一座城堡，连起心来，就能不断创造生命和爱的奇迹。"

这是一个真实的故事，时间是2008年5月12日，她是重庆海纳旅行社的导游——陈敏。

★ **点 评**

本文讲述的是一个平凡的人创造出的不平凡的"奇迹"。作者采用的是"层层推进"的叙事方法，慢慢引人入胜，给人一种强烈的阅读欲，此"吸附"的写法必然能在考场作文中脱颖而出。

灾难里的上帝

作家心语：因为深爱，才会有奇迹的发生，用爱去坦然面对灾难和逆境，上帝也会对你特殊眷顾。

中午，他把电脑打开，匆匆处理完一篇实习生的实习总结。今天是周一，他得赶去医院，那里有一个非常重要的手术，他是助手。

像往常一样，他和五名同事一起把病人推进了手术室。这是一个化脓性阑尾炎手术，刻不容缓。

然而，他没有想到灾难竟然会从天而降。手术进行到一半，房屋突然传来一阵剧烈的震动，整个手术台都在来回晃动，他赶紧死死扯住，他喊："地震！"可只是瞟了一下门口，没跑。

所有的同事也没动，他对病人说："没事，我们都在。"稳定下病人的情绪，他继续着手术。

门只距离他一米，可他压根没有想过要跑。

余震不断袭来，他们被迫中断了好几次，每一次暂停，他都习惯性地拍拍病人的肩膀。为了抓紧时间，他让护士取来应急灯。剧烈的震动再次席卷而来，他被强大的冲击波推到了地上，好一阵子，他才爬起来。

没有说话，他继续回到了手术台上，手术像平常一样有条不紊。艰难的半个小时终于过去了，手术也完成了，他们是这个医院里最后撤走的一批。

下了楼，空阔处已是人满为患。他看见了妻子，双目对视的刹那，都没有说话，但是他的目光已经告诉她，我还活着。

很多人都不敢相信：在地震随时会带走生命的刹那，还有人把工作看得比生命更重要。

但这是一个真实的故事，发生在2008年5月12日，都江堰人民医院。他的名字叫陈峰。

他告诉记者："即使是灾难来临，他也从没想过要中断手术，因为那不是医生的职责。"

他们毫发无损，这不能不说是一种奇迹。我想，因为深爱，才会有奇迹的发生，用爱去坦然面对灾难和逆境，上帝也会对你特殊眷顾。

点 评

考场作文的写作题材，不仅局限于自身的经历，考生可广泛关注社会上的热点问题，关注焦点新闻，适时地将其写入自己的考场作文中，绝对可以吸引评分老师的眼球，这也绝对是制胜的一个法宝。本文的成功之处就在于其选取的题材够新、够真，具有一定的社会价值。

四毫米的勇气

作家心语：坦然去面对灾难和逆境，并锲而不舍地奋斗，才是创造奇迹的唯一诀窍。

她是个旅行家，她最大的梦想就是沿着美国的边界徒步走一圈。她认为这是一次史无前例的野外旅行。为了这个梦想，她整整做了一年的准备，在正式离职以后，她认为时机已经到了。

那个秋高气爽的早上。她上了一家旅行社的汽车，目的地是芝加哥。在那里，她将开始她全新的旅程。一路上，大家都尽情欣赏着两边的景色，笑声不断，谁也没有意识到即将到来的危险。

晚上，大家一起享受了一顿丰盛的篝火晚餐，车子继续上了路。也许是因为旅途的疲惫，大家很快进入了梦乡。

但大家万万没有想到，厄运就在这个时候降临。车子砰的一声，撞坏了护栏，直冲往水中。很多人都惊醒过来，大人小孩都慌成了一团，有的哭，有的往车门跑。当时她正坐在后面，她站起来，下意识地往前跑，才半步，停住。她猛然想起初中所学过的知识，车落水应该是前面先进水。如果这个时候一窝蜂往前面跑，只会增加危险的概率。她望着前面乱成一团的人们，忽然冷静下来。她开始用力地敲玻璃，因为她知道，这个时候如果敲不破这四毫米厚的玻璃，等车子完全进水后，就再也没有机会了。

她掏出随身携带的一把水果刀，使劲锤。一下，两下，三下……手出血了，一滴滴落下来，但她没有放弃。她告诉自己：只要想活，活下去的勇气够强，决心够坚定，就一定有生的希望。也不知锤了多少下，她终于听到了玻璃破碎的声音。

她迅速拿了块海绵枕头，开始喊前面的人，但是这个时候，她弱小的声音已经没有任何作用。她不再犹豫，从破玻璃处跳了出来。

最后的厄运再次降临。由于不会游泳，再加上漆黑一片，她根本不知往哪个方向游，划着划着身体就沉了下去，生命悬于一发。为了不让自己喝到水，她一只手捏着鼻子，沉到水底后她就用力蹬泥土，好让身体浮到水面，这样沉下去浮上来四个回合后，她发现自己靠岸了。没有人会想到，在这样的情况下，她还如此镇定。然而她做到了。

她遇到了救援队。没有人敢相信，这个在水中搏斗了两个多小时的姑娘，除了有些疲倦，一切表现都很正常。

在获救后第二天，她给家人打去电话，她告诉家人自己还活着。

很多人都觉得这样的事情像天方夜谭，但是她做到了，她也知道凭她一个人的力量，要想敲碎那四毫米的玻璃确实是件难事，但是如果不这样做，她也只能像其他人一样，在混乱中死去。事实证明，她的选择是正确的。

有记者希望她能把逃生的经历告诉大家，她只说了八个字：坚强、冷静、乐观、自信。

这是一个真实的故事，时间是2008年7月7日，她是这次灾难中唯一幸存的人。同时那天也是她28岁的生日。她的经历告诉我们，只有坦然去面对灾难和逆境，并锲而不舍地奋斗，才是创造奇迹的唯一诀窍。

点 评

本文的妙处在于选材上。作者是一个善于关注社会新闻、善于挖掘新闻事件背后隐藏着的社会价值的人，并能将自己挖掘到的社会真义用于作文上，这一点值得广大考生学习。

和孩子做朋友

作家心语：孩子的成长过程是一道亮丽的风景，父母充其量是一个观光者。

　　每次周末去市区，我都看到一位母亲带着一个六七岁的小女孩搭便车去一所艺术学校上课。小女孩漂亮极了，扎着两股小辫子，尤其是她那双又大又水灵的眼睛，看了让人忌妒。但一直令我遗憾的是，小女孩很少露笑脸。

　　有一次，小女孩正好坐我旁边，我问她："小朋友，你和妈妈去干什么呀？"

　　她说："去培训中心学画画。"我发现小女孩的回答有些无奈。

　　我继续问："你喜欢画画吗？"

　　这时，小女孩露出不高兴的神色，嘟起小嘴巴："不喜欢！"

　　我又问："那你为啥还要学呢？"

　　出乎意料的是，小姑娘并没有马上回答，而是先瞟了瞟正在与别人聊天的母亲，如实地说："是妈妈要我学的！"

　　这时，坐在一旁的实训带队老师说："长时间逼孩子学一门艺术，事实上是违背了艺术的本性的。更何况，对于孩子，兴趣为王，快乐生长，孩子喜欢就行，高兴就行，一切顺其自然！"

　　好一个顺其自然！

　　做父母的最高境界是以朋友式的方式对待孩子，而朋友与朋友之间一个显著的特征就是独立。

独立，就是把孩子视为一个独特的灵魂，不但要爱孩子疼孩子，而且要给予信任和尊重。孩子自有其特定的生长轨道，如果执意把孩子引向自己设定的轨道，这样做，你不仅粗暴地夺走了孩子的童年，而且还扭曲了人性自然发展的规律。所以，父母要给孩子足够的自由生长空间。简言之，让孩子顺其自然。

而今，有多少父母往往把孩子视为一个宠物，更有甚者，有些将孩子视作一个实施自己的庸俗抱负的工具。这恰恰是扼杀了孩子的独立人格，使孩子成为灵魂萎缩的残缺的人，使孩子过早地丢失了灿烂的笑容。

父母在孩子身上寄托着"望子成龙，望女成凤"的殷切期望，这是人之常情，无可非议。但千万不能为此而强迫孩子做某些事，否则，其后果是不可治愈的心灵创伤和人性扭曲。始终要记住，孩子的成长过程是一道亮丽的风景，父母充其量是一个观光者。

点 评

"要培养孩子的独立性，就要充分信任和尊重孩子，和孩子做朋友"，本文"以小见大"，由一个小女孩被母亲逼着学习不喜欢的绘画艺术的故事将这个道理简单明了地表达出来。这也是考场作文制胜的法宝之一。

改变一生的一道面试题

作家心语：一个人对待工作的态度，可以决定他职场的
宽度。

它不是一道经典的面试题，但是却改变了我的一生。

阿鹏是我大学期间的好哥们儿。大四那年，我们同去一家公司应聘。面试的最后主考官是公司的董事长曾先生。在面试即将结束的时候，董事长不经意地说道："你们看，今天的天气十分晴朗。但是天气预报说明天将会有暴风雨。你们能不能用'虽然……但是……'这组关联词，将这两个简单的句子联系起来。"阿鹏想也没想，就抢先回答道："虽然今天是晴天，但是明天会有暴风雨。"我回答说："虽然明天会有暴风雨，但是今天是晴天。"董事长也不再说什么，就叫我们回去等消息。回家的路上，胸有成竹的阿鹏，还笑话董事长问这么弱智的问题。而我却久久不能琢磨出董事长的深意。

半个月后，我意外地收到了公司的聘书，而阿鹏落选了。后来，阿鹏应聘上了沿海一家同行业的公司。

再次遇到阿鹏的时候是在今年的同学聚会上。本来以为当年专业技能比我优秀的阿鹏能过上白领的生活。没想到他却告诉我，由于全球金融危机的影响，公司的业绩急速下滑。为此不得不裁员，很不幸地，他也成为了失业大军中的一员。当我告诉他，我所在的公司这个季度已经盈利百万，而我也已经是公司销售部的经理时，阿鹏并没有我想象中的那样吃惊，而是给我讲起了他与

我们公司董事长曾先生的一段往事。

有一次，他和曾先生一起去和另一家公司洽谈业务。无意间与董事长谈到那次面试。董事长对他说："你知道吗？当时你真的很优秀，在专业技能、团队管理上都要比小郭略胜一筹。但是你知道当时我为什么没有聘请你，而聘请小郭吗？"阿鹏摇了摇头。董事长接着说："面试的时候，你以为我是无意地问你们天气的关联词吗？其实不是，那是我考查你们对待工作、对待生活的态度。"

说到这里，董事长顿了顿："当时你的回答是，虽然今天是晴天，但是明天会有暴风雨。而小郭的答案，虽然明天会有暴风雨，但是今天是晴天。你们两个的侧重点完全不同，你注重的是明天的暴风雨，而小郭恰好与你相反。由此可以看出，你消极而小郭积极。这才是我没有聘请你的真正原因啊。"

直到此刻我才顿悟，原来一个人对待工作的态度，可以决定他职场的宽度。是啊，身在职场，你永远只有两种选择：在消极中堕落，离开，重新开始，循环到最后，你依然只是个失业者；不然，你就应该在积极中奋进。

点　评

本文的亮点在于将生活中遇到的"小事"进行深入的思考，然后提炼出深奥的大理道。多关注生活中的点滴小事，多留心自己所遇到的人和事，这些很可能会助你赢得一次漂亮的考试。

有一种态度比财富更重要

> **作家心语：** 有一种态度比财富更重要，那就是尊重。

　　加拿大最小的城市林伍德有家叫得云社的话剧社，财大气粗的老板辛格一直靠着手段霸占着这座城市的演艺市场。但让辛格没有想到的是，他去英国旅游回来后，林伍德市多出了一家话剧社，最让辛格老板头疼的是，这个小剧社自成立之日起，场场爆满，严重影响了得云社的生存。

　　经过多方打听，辛格得知让小剧社财源滚滚的秘诀来自一个叫田汉亭的中国人，这个人把中国东北的二人转引入加拿大，从而造就了小剧社的一时辉煌。

　　辛格坐立不安，他下定决心要把田汉亭挖过来，他派了一个助手前去田汉亭租的小房里，遵照辛格的指示，助手扔下1万美金说："这些钱足够你租个又大又舒服的房子了，中国不是有句俗话叫'人往高处走，水往低处流'吗？我相信你会选择一家实力强的剧社，这对你的发展有利无害。"田汉亭却冷静地摇摇头。这让助手恼羞成怒，他提了钱，扔下一句"不识抬举的家伙，好自为之"，就走了。

　　辛格决定派人去中国潜心学习东北二人转，但是演来演去，还是那几个节目，慢慢地，很多老客户也跑到小剧社去了。这让辛格十分恼火，他再次派助手去了田汉亭家里，这次助手带去了20万美金，也不再提加盟的事情，助手只是说："只要你不再给他们写二人转，这笔钱就是属于你的了。"

田汉亭依然摇摇头说："先生，你们的好意我心领了。还请回去转告一下，不用再在我身上浪费时间了。"

辛格得知这个情况后，气急败坏地跑到田汉亭家里，此时田汉亭正在创作，恼怒的辛格打断他的创作说："把你这个本子卖给我，开什么价都行。""对不起，这个本子已经卖给别人了，这是我对别人的承诺。""承诺？承诺算几个钱。你不远万里来加拿大，不就是为了钱吗？难道他们比我出的价格还高？"辛格困惑了。

"说老实话，他们给的钱还不及您的十分之一。但是您知道吗？他们来请我的时候，从来都不是趾高气扬，我们是平等的。中国有个刘备，三顾茅庐请诸葛亮，我想，您应该听说过这个典故。"

辛格沉默了。田汉亭平静地说道："中国还有句俗话，我也送给您，有一种态度比财富更重要，那就是尊重，这就是我一再拒绝您的原因，我相信，您能懂。"

★ 点 评

　　财富再多，也多不过尊重，尊重比财富更重要。本文用一个故事将这个道理带出来，这是考场高分作文的普遍写法，不过选取的故事一定要有代表性，有特色，才能吸引评分老师的眼球。

只要不放弃，奇迹总在你那边

> **作家心语：**每个遭遇逆境的人都是一个信徒，只要相信，只要不放弃，奇迹总会站在你那边。

戈麦斯是乌拉圭的一名国企员工，工作之余，他最大的爱好就是进行旅游探险。在他58岁的这年，他有一个雄心壮志，那就是骑摩托车从智利穿越安第斯山脉前往阿根廷，在那里，他的老婆和孩子等着给他庆祝生日。

准备充分后，戈麦斯从智利出发了。中午，他饱饱地吃了一顿中饭，给妻子和孩子报了个平安，准备继续前行。按照计划，他将在两天后到达阿根廷，到时可以美美地吃上一顿丰盛的晚餐，当然还能喝上他最喜欢的香槟。

在快进入安第斯山脉的时候，摩托车坏了，戈麦斯只能徒步旅行，尽管如此，他依然很乐观地告诉妻子和孩子，为了多看些风景，他准备多住几天，生日晚宴只能延期两天举行了。

然而，他没料到，一场罕见的暴风雪竟然毫无征兆地席卷而来，来不及思索，他本能地往下面一倒，但还是没能幸免被卷入。一小时后，他才从昏迷中醒过来，他掉在了一片冰雪地上，到处是白茫茫的一片，根本辨不清方向，除了几袋葡萄干和一瓶水，暴风雪刮走了他所有的家当。

吃了一点葡萄干，等身体恢复些力气，他开始起身。此时的戈麦斯清楚地知道，不管有多么艰难，他都必须走出去，否则将永远没有吃生日宴的机会了。为了节省体力，他不得不放慢速度。

一个晚上加一个早上，他不知道自己走了多远，第二天中午的时候，他依然看不见尽头。前后左右，都只有讨厌的白雪相伴。

让他悲观的是，一场暴风雪再次席卷过来，他被卷到了海拔9318英尺(约2840米)的一个荒芜人烟的山头上，他再次迷失方向，更为糟糕的是此时气温骤降至零下20℃，戈麦斯饥寒交迫，他甚至想到了放弃求生的机会。

但是他不能放弃，一想到妻子和孩子的等待，他立刻振作起精神来。为了躲避严寒，戈麦斯躲进了旅行者遗留的避难所。

吃光了葡萄干，戈麦斯就开始捕捉老鼠。与严寒做斗争，和老鼠斗智斗勇，就是在这样恶劣得让人难以置信的环境里，戈麦斯整整坚持了四个月。

最后的一天里，绝望而虚弱的戈麦斯听到有人说话的声音，他大声呼叫起来，很快他就听到了对方的回答。他得救了。

在医院休整了两天后，他给妻子打了个电话。面对闻讯而来的媒体，他深有感触地说："这四个月比我五十多年的收获还要多，因为我学会了坚强。我永远都不知道生的机会在哪个时刻出现，所以我只得坚持，再坚持。我至此才深深明白，其实，每个遭遇逆境的人都是一个信徒，只要相信，只要不放弃，奇迹总会站在你那边！"

★ **点 评**

信念是一盏灯，一盏指引你勇敢前行的灯。本文讲述的这个故事惊心动魄，带着读者经历了一场又一场生死劫难，不过最终带给人的是生的希望，是幸福的曙光。选择这类题材在考场上作文，必定能获得高分。

一个差生的人生传奇

作家心语： 一个人，拥有谦虚和智慧，你就可以无敌于天下。

　　他出生于一个英国贵族家庭，是英王威廉四世的直系后裔。父亲是一位股票经纪人，母亲是一位从男爵的女儿。作为贵族世家，他从小就受到了良好的家庭教育。

　　五岁，他进了英国一所著名私立小学读书，父母的本意是要把他培养成一名政治家，但幼年的他并没有显示出政治人物的天赋，不仅成绩在班里排名倒数第一，而且极为害羞，几乎让旁人感受不到他的存在。学校里的小朋友见他好欺负，就经常凌辱他，常在下雨天把他从学校后面的小山上推下去，弄得全身都是泥，他只好请假跑回去洗澡，母亲就告诉他，做人只有足够强大才能改变别人对你的看法。但当时他并没在意母亲的教诲，中学后他不仅终日逃学，还吸食大麻，也经常酗酒。但这种生活没有持续多久，经过内心挣扎，他决定痛改前非，考上了牛津大学布雷齐诺斯学院。

　　在进入大学前的九个月里，他先是谋求到一份保守党办事处的工作，并列席很多下议院的辩论会，但他清楚，这并不是自己想要的生活，他说："我希望我并不是为了某个党派忙碌，要忙碌也是为了整个国家。"为了实现自己的宏伟梦想，在父亲的帮助下，他决定前往中国香港，在怡和洋行担任一份文职工作。每天早出晚归，尽管琐碎庸常，并且薪水很低，但他事无巨细做得很认真，很多人就不理解，他却笑着说："我来这里，并不是为了薪水，我还年轻，我知道，和你们在一起，就能学到很多东西。"他谦卑的回答，获得了大家的一致认同。直到现在，他都认为，三个月的文员工作是他曾受到的最系统的教育，在这里他不仅学到了很多专业知识，还学会了与社会各行各业的人游刃有余地交流。

回到牛津大学后，他参加了以狂饮和行为放荡不羁而著称的布灵登俱乐部，并担任学院网球队的队长，他的公众影响力也与日俱增。大学毕业后，他和母亲做了一次深入的交流，他列举了当时社会上的种种现象，母亲就问他："你认为人生的最大的快乐是什么？"他毫不犹豫地说："我希望能改变一些社会现象，让更多的人能快乐。"母亲告诉他："那就从政吧，只有这样你才能改变整个社会，让更多的人更快乐。"他一下就顿悟了。

为了谋求长远的政治前途，他先从事保守党政策研究部门工作，后来在卡尔顿传播公司干了七年，同时，他开始竞选议员，正式步入他的从政之路。

2005，在保守党领袖霍华德宣布辞职之后，他竞逐新领袖之位，在几乎无人看好的情况下，他以出色的演讲口才最终成功当选保守党领袖。2010年，他以"变革"二字为筹码，如愿以偿成为了英国最年轻的首相。

他自己都没想到，当年一个成绩倒数第一的差生，有一天居然能成为英国最年轻的首相，他想到母亲常和他说的一句话："卡梅伦，拥有谦虚和智慧，你就可以无敌于天下。"

从一个差生到首相，卡梅伦的成长经历可以说是一个活生生的励志传奇，我想，许多人也和卡梅伦一样，也有过自卑，有过彷徨和迷茫，但只要谦虚，能听得进意见，并且为了自己的人生规划，一步步去努力实现，我们的人生也能和卡梅伦一样，快乐且丰富多彩。

★ **点 评**

本文选材非常之出色，将英国最年轻的首相卡梅伦的传奇人生摆出来便是最大的吸睛点和得分点。考场作文，选材是关键。

今天你微笑了吗？

作家心语：幸福并不是可遇而不可求的，幸福是朴素的，只要时刻提醒自己，就能处处感受到生活的美好。

1960年12月一个下雪的凌晨，在人寿保险做推销的唐·里奇正走在回家的路上。他刚从一个朋友的家里出来。虽然他每天工作都很勤奋，但由于性格老实，又不懂得钻营，所以他每个月能拿到的报酬很少。无奈之下，他只好找了一份兼职，在朋友的店里做茶水服务员，每天晚上都要工作六小时以上。

此时，路上已经罕有行人，里奇加快脚步往回赶，家中卧病在床的妻子，还在等着他的晚饭。

快到家的时候，里奇突然发现，一个中年妇女正朝另外一条路走去。这让里奇十分惊讶，因为他知道，从这条小路往前再走两百米，就是有名的"自杀崖"了。此时，里奇已经顾不上家里的妻子了，他心里想的只是，如何挽救这个对生活失去激情的女人。

里奇赶到自杀崖时，那女人一只脚已跨了出去。"嘿，可以聊聊吗？"中年妇女回头，见到的是一张饱经沧桑却微笑的脸。"有什么好聊的，你没看到我都没活下去的勇气了吗？"中年妇女抱怨着。

里奇并没有走上前去，他和女人始终保持着三米的距离，友好地交流着。

他的身体略微前倾，面上始终保持着微笑。末了，里奇微笑着说："到我家里去坐坐吧，等你去了，你就会知道你有多幸福。"

抱着强烈的好奇心，中年妇女缩回了跨出去的脚。半个小时后，她见到了他卧病在床的妻子和一个寒酸的家，当听到里奇的妻子正在筹划着大病痊愈后的旅程时，中年妇女羞愧地低下了头。

中年妇女告诉里奇夫妇，她是一个传统型的女人，小时候，她想着长大后能享受幸福，等大学毕业后，她想象着结婚后能享受到幸福，可是现在结婚十多年了，儿子也大了，她却每天都还在忙碌着，她感觉生活没有了奔头，也就失去了活下去的激情。

里奇的妻子微笑着说："我丈夫常常告诉我，人生短暂，何不放下包袱，持花而行呢？如果这样，你就会惊喜地发现，其实你的每一天都是幸福的。"中年妇女感激地离开了。

这件事对里奇触动很大，之后的每一天早上，里奇起床后的第一件事就是到二楼的卧室窗口，看看自杀崖上面有没有人，如果有，他就会冲过去。

五十年来，里奇一直以这种温暖的微笑绽放在自杀崖前，五十年来，他成功地把160条生命从死亡线上拉回来。2010年，澳大利亚伍拉勒地区议会把"2010年度公民"奖授予里奇夫妇。

他的名字也因此美誉全球。

这个故事让现实中的我们汗颜。想想，平常我们是怎么抱怨我们的生活，冷待别人，甚至幸灾乐祸的。唐·里奇用他的微笑给我们树立了一个榜样，他告诉我们：只要拥有一颗善于发现的心，即使生活最艰苦，也能感觉到幸福。因为幸福并不是可遇而不可求的，幸福是朴素的，只要时刻提醒自己，就能处处感受到生活的美好。

　　所以，今天，你微笑了吗？

★★★
点　评

　　本文的亮点在于写法上。开头用故事阐述"微笑的力量"，阐述"幸福可遇而不可求"，这是考场作文惯常的写法，简单、自然。而作者选择用问句来结尾，引人入胜，给人以遐想或是思考的空间，瞬间将文中所要表达的深意引申开来。

生命中最珍贵的礼物

作家心语：那一段忘年友谊，不仅是老人的最好礼物，
还应该是儿子生命中最珍贵的礼物。

半年前，为了能让准备高考的儿子安心学习，我选择了陪读。租的房子是一个四合院，院子很大，但只住了我和老大爷两户。

靠近老大爷住的这边有个篮球架，周末的时候，我们会偶尔在院子里打打球。有次，不小心把球投进了老大爷的门里，只听到啪的一声，我敲门而入，只见老大爷恼羞成怒地站在那里，指着我的鼻子说："你把我的镜子弄坏了。"赔了块新的，又费尽口舌，老大爷才余怒未消地说："下次注意点，注意点。"

可出乎意料的是，儿子去捡球，老大爷的态度则明显不同。那次，儿子一个人打球，球又不小心飞到老大爷房间里去了，因为有了我的忠告，儿子小心翼翼地走进去，老大爷正抓着他的球走出来，儿子一下子愣了，我从门缝里往外瞅，只听到老大爷笑嘻嘻地说："怎么一个人打球啊，孩子？我来给你捡球如何？"

就这样，只要儿子去打球，老大爷都会笑嘻嘻地走出来，帮儿子捡球。问儿子："大爷怎么对你那么好？"儿子摇着头说："爷爷说，他有个孙子，和我一样大，一样喜欢篮球，每回，都是爷爷陪他打球。爷爷说，看到我就想起了他孙子，他已经八年没看到孙子了。"

后来去社区办事时，正好聊到了老大爷。才知老大爷是个抗美援朝的英雄，退伍后在一家公司做管理，他曾经有个幸福的家，不久前，儿子一家三口出行遭到了意外，老人为了不睹物伤情，便搬到了这里，只是性情大变，他们做了很多工作，都不奏效。有时间，他们希望我多关心下这个老人。

日子还是一天天过，因为儿子，老人出来活动的时间也越来越多了，有时，还会到我家来坐坐。老人有一手好厨艺，他做的糖醋排骨，至今还让儿子回味无穷。

有次周末，老人去儿子学校接他回来打球，再回来时，儿子手上多了一个崭新的篮球和一套运动服。儿子说，那是爷爷买的，爷爷说，新年了，新气象，要有新装备。儿子还说，他去爷爷家打扫卫生了，忙了一下午，但是觉得开心。

过年那天，儿子把老大爷接了过来，那天晚上，院子里洒满了我们的欢声笑语。儿子还和爷爷照了一张合影，儿子说，他会把这张照片好好珍藏。

不久后，因为家里有事，我和儿子回去了一趟，再回时，老人已经去世了。听居委会的人说，老人是微笑着走的，走的时候，怀里还抱着和儿子的照片。居委会的人还给了儿子一套丛书，说那是爷爷给儿子买的，书上有一段寄语，寄语里说，能在生命的最后时刻认识儿子，那是上天赐予他的最好礼物。

我却深深地明白，那一段忘年友谊，不仅是老人的最好礼物，还应该是儿子生命中最珍贵的礼物。

★ 点　评

礼物，可以是精神上的，也可以是物质上的。本文所描述的这份礼物，是一份精神上的礼物。陪一个孤独的老人走过生命最后的时刻，那是一份怎样珍贵的礼物啊！将能感动人的故事"跃然纸上"，必然能够制胜考场，赢得高分。

给人生安个方向盘

作家心语：揣着责任和爱心上路，做好自己承诺的每件事，那么人生路才能走得直，走得稳，走得踏实。

大学毕业后，我到了一家装修公司做人事工作，和总经理一个办公室。总经理为人严肃，做事干练，也特别喜欢狗，好几次，我散步的时候都遇到他在广场遛狗。

有一次，总经理要出国学习半年，临走前他委托别人去照顾他的狗，但是大家都是推托，最后，总经理找到了我，虽然心中百般不愿，我还是答应了总经理。

总经理养的是名贵的纯种法国比熊犬，抱过来后，白天，我放到老妈那里，晚上抱回自己家，生怕出了差错。但越是担心，就越容易出事。不到一周，比熊犬厌食了，仔细查看，原来它全身都长满了痱子，涂了药也不见好转，只好抱着一个个找。没过几天，它又拉稀了，我吓坏了，连忙送到宠物医院。

医生告诉我，养狗也是一门学问，吃什么，怎么照顾，都要弄好。只好去书店买了本怎么饲养宠物狗的书，但还是经常出问题。

总经理回来的那天，我才从医院里接它出来，它瘦了，我也瘦了。总经理仔细看了看它，脸一下子拉了下来，我顿时感到眼前一黑，心想，这下完蛋了，想起同事们的一些职场建议，真的是伴君如伴虎啊。

三天后，总经理开完中层领导人会议后，立即喊我进去，我以为总经理是要当着大家的面开除我。没想到，他竟然当众宣布提拔我为人事主管。用经理的话说："我找了很多下属，大家都怕自找麻烦，但只有你有这个心。对于一个没有任何养宠物经验的你来说，这确实是件难事，但是你尽心尽力地在做，我看到了你的细心、你的责任心、你的爱心，我们单位需要你这样的人才。"

人生短暂，不管是生活还是工作，都要给自己安个方向盘，只有这样，生活才会给你一份满意的答卷，揣着责任和爱心上路，做好自己承诺的每件事，那么人生路才能走得直，走得稳，走得踏实。

★ 点　评

本文的亮点在于"画龙点睛"的写法，即在文末用一段富有哲理性的文字对全文进行一个总结，提炼出具有深意的观点：给人生安一个方向盘，不仅将文章的主旨瞬间拔高了，更提升了本文的艺术性。

灵魂里的太阳

作家心语：在成长的路上，如果没有了太阳，人的灵魂就会慢慢僵硬，因为它再也没办法取暖。

蕾丝是美国佛罗里达州的一个千万富翁，年轻时，她一手创建了自己的产业帝国，经过二十年经营，她公司的足迹已遍布全美各地，但是很遗憾的是，蕾丝和丈夫离婚了，她一直想要个自己的孩子，便有了认义女的想法。

蕾丝把想法刊登在了报纸上，不到一天的时间，前来应聘的孩子就达到了两千名，经过层层选拔，最终留下了二十名孩子。

蕾丝把这些孩子带到了一条狭长的泥泞小道上，一千米处有张桌子，桌子上摆着一粒金光闪闪的珠子。

"孩子们，你们谁先到达终点，拿下那粒珠子，就是我要找的人了。"蕾丝目光扫过，缓缓地说。

一声令下，孩子们争先恐后地朝前跑，因为道路狭窄，不少孩子都摔倒了，但是出人意料的是，跑在前面的没有一个停下来，后面的甚至踩着她们的身体跑过去。

这时，跑在最后的一个女孩停了下来，扶起摔倒的孩子们，女孩朝蕾丝喊："夫人，这里有人受伤了，需要帮助。""你需要什么？"蕾丝眼光有些失神："孩子，你得想清楚，这是比赛。"

"我知道，正是因为比赛，我才不想让一个人掉队。"女孩斩钉截铁地说，"需要四块创可贴，一捆绷带。"

女孩拿到东西，迅速地帮同伴们包扎好，然后一起扶持着继续朝前奔跑。蕾丝的目光有些炽热："孩子，你就不怕失去拿第一的机会？"

"我也想拿第一，可是对于我来说，有些东西比结果更重要。"女孩边说边扶着大家朝前跑。

等到她们到达终点的时候，已经是最后了，但是细心的女孩发现，桌子上金光闪闪的珠子还在，她惊喜地跑过去："难道是我拿到了第一名吗？"

蕾丝满意地看着她说："是的，你成功拿到了珠子，从今天起，你就是我的养女了。"

"可是她是最后到的，我们才是先到的，凭什么我们到了把珠子升起来，她到了又放下来？"许多孩子都不满地闹着。

"不，你们都想错了，虽然你们达到了终点，可是你们是踩着别人的痛过去的。当一个孩子的心中没有了爱和温暖，只为利益不择手段，那她的人生哪还有光明？"蕾丝语重心长地说，"善良和爱心才是世上最宝贵的财富，就像这次比赛，其实我考察的是你们的人品和态度，那才是你们成长的太阳。"

所有的孩子都羞愧地低下头，她们真正明白了，在成长的路上，如果没有了太阳，人的灵魂就会慢慢僵硬，因为它再也没办法取暖。

★ **点　评**

　　善良和爱心比任何财富都来得重要，尤其对于一个正在成长的孩子来说。本文讲述的这个故事看似朴实无华，但是读罢会让人回味无穷，会让人反思和自省。

濮存昕的梦

作家心语：在濮存昕成长中最困难、最想放弃的时候，是梦想点燃了他的希望，让他明白，如果他好了，至少还有做梦的机会。

他从小在表演方面很有天赋，父亲为了培养他，在他三岁的时候，让他从师人民艺术剧院的叶子老师，学习话剧。然而，此时他已经感到身体的严重不适，为了不中断求学之路，父亲给他带了很多药，嘱咐他，每当身体疼痛的时候，就吃药。

六岁时，他参加了南京市举办的一场少儿话剧大赛，以六个评委全部满分的骄人成绩摘得冠军。下台的一刹那，父亲抱着他激动地哭了。

就在大家都以为他从此会在艺术的道路上一帆风顺时，他却倒下了，因为严重的小儿麻痹症，他已经站不起来了，上学，也只能用四条腿的板凳当拐杖。那段时间，他心情郁闷到了极点，他一度对父亲说，他不想读书了，觉得太累了，光是从学校到家的那段并不遥远的路程，他就需要比常人花上多两倍的时间。一次，父亲来接他，却意外发现他颓废地坐在地上，问他怎么了，不吱声。问他是不是被同学欺负了，也不吱声。坚强的父亲，看着孩子被灾难煎熬成这个模样，忍不住也泪流满面。

为了让他能像别的孩子一样健康成长，父母从来都没停止过求医问药。这年夏天，父亲终于在北京联系到了一家医院，得知儿子有望康复，心急的母亲连夜带着孩子赶到了北京。

　　他如愿地躺到了病床上。医生说，由于他的病情非常严重，需要做脚弓展开手术。一根脚趾做一次手术，由于要把每根脚趾上的筋全部展开，手术难度大，异常复杂，痛苦的程度也可想而知。第一次手术在住院后一周进行，虽然打了麻醉剂，但他还是痛得死去活来。更要命的是，术后的疼痛一直伴随着他，尤其是晚上，几乎彻夜难眠。但为了自己的表演梦想，他咬牙坚持着。两个月后，他和父亲再一次来到医院，进行第二次手术。依旧疼痛，钻心透骨地疼，他在手术台上几次昏死过去。当医生把他从手术室推出来时，父亲看着他憔悴的样子，再一次忍不住哭了。两次手术后，他人已整整瘦了一圈。父亲心疼地说："昕儿，我们回去吧。不做手术了，不管你今后变成什么样子，爸爸都会以你为豪，爸一辈子都会陪伴着你，不离不弃！"他却坚定地说："爸爸，做。做了，至少我还可以做明星梦，不做，我什么希望都没有。"

　　给他主刀的医生闻讯也走了过来，摸着他的头，说："孩子，你是个很勇敢的孩子，可是接下来的手术，难度更大，痛苦也更大，你能挺住不？"他毅然昂起头："只要这个腿病能好，能让我有做梦的机会，我就不怕，多疼我都不怕。"接下来的手术，难度和痛苦是可想而知的，但他一直忍着，咬穿了几床棉被，却始终没吭声。

　　手术完成的第二个月，他被告知，7月，有一个大型的诗朗诵比赛，他毫不犹豫地报名参加了。而这个时候，他还需要拄着双拐。为了尽快使自己康复，他给自己定了一个残酷的训练：早上上学，他故意把重心放到有病的脚上，用做过手术的脚，使劲往前蹦，中午，别人休息，他就带着篮球去球场。

　　很多同学听说他自强不息的故事后，也不再嘲笑他了，而是帮他一起训练。虽然，坚持每一分钟，都是那么吃力，同学们也劝他休息，他却不听，他此时只有一个新信念，那就是丢掉拐杖。他仍旧咬牙一下一下地练习，汗珠顺着额头一点点淌下，也全然不顾。

比赛如期而至，当他扔掉拐杖，自如地站在台上时，他立即成了所有人关注的焦点。而当他朗诵完毕，台下掌声如雷，同学们把他高高举起，他虽然没有夺取名次，但却成了大家心目中的真英雄。

他就是中国著名话剧、电影演员濮存昕，在回顾成长之路时，他百感交集地说："在我在成长中最困难、最想放弃的时候，是梦想点燃了我的希望，让我明白，如果我好了，至少还有做梦的机会。我一步步地坚持，一步步地生活着，我坚持下来了，所以我成功了。"

点 评

本文选用我国著名电影演员濮存昕追逐梦想的成长故事告诉大家这样一个哲理：没有梦想的人，看不到希望；有梦想的人，可以战胜一切困难。文章选材精，语言实，情感真，在感动读者的同时也给读者上了一堂生动的"教育课"。

第 **2** 辑

幸福在，就心安

其实，幸福从来都是简单的，真实的，就像散步，就像全家人一起快乐地聚餐，就像你为你的爱人做一件力所能及的事，虽然朴素，如和风细雨一般，却能时时刻刻温暖你的心扉，因为幸福在，就心安。

上帝允许失败，却不青睐放弃

作家心语：更多时候我们在困境中更能考验和磨炼自己，因为只有坚持不懈的信念才配拥有成功的回报。

他三岁的时候就失去了自己的父亲，跟母亲相依为命。六岁的时候，他开始上学，因为母亲要赚钱养家，同时还要给他准备读书上学的钱，因此对他的关心的时间很少。没有爸爸，没少被同学嘲笑。八岁的时候，他因为老师说要同学们描述爸爸在心中的模样而在课堂上哑口无言，被老师打了0分。他赌气一个人跑到山上去摘野生枇杷而掉下山崖摔断右腿。

九岁的时候，他试图在家里，把自己勒死，但是没有成功。昏闷的童年，他没有感到一丝的幸福与快乐。阴暗的天，让他对一切都失去了信心，对自己，对世界。

十二岁的时候，他莫名地被选中去参加一个野生动物园的展览，从此他的性格大变。

十六岁的时候，他凭着全校第一的成绩考上了全市最好的学校念高中，后来也凭着优异的成绩，他考上了一所名牌大学。大学期间，他积极参与学院的各种活动，社会实践，最后还担任学生会的主席。他自食其力，让他年轻的生命没有丝毫的浪费。

大学毕业后，他就开始了自己的事业，花了两年的时间自己创业，现在公司已经上市，注册资金是一千万。从十二岁开始，他就每天坚持着跑步，勤奋读书，尽管都不是很顺利，但是他从来就没有选择过放弃。

　　了解他，是通过一个电视访谈节目。当主持人问及他是如何走出来的时候，他解开了他当年的蜕变之谜："十二岁的时候，我莫名其妙地被选中去参加一个野生动物园的展览，跟我随行的全部都是年龄一样大的残疾孩子。接着就来到了野生动物园，园长给我们介绍了狮子娜丝。看着娜丝漂亮的外表、威武的身姿、王者般的力量和梦幻般的速度的完美结合，院长接着说，娜丝是动物园里面最强大的狮子，所有动物都对她保持敬畏之心。但是你们肯定想不到，娜丝小的时候就没有母亲，而且患有麻痹症，四肢都不能动弹，我们是到山谷里把她捡回来的，请了兽医过来看，都说是没有办法治好。我们本来是把她特殊照顾的，不让她被别的动物欺负，每天都给她送吃的。但是在她两个月大的时候，她就想着站起来，虽然每一次她都四肢沾满了鲜血，但是她没有放弃，经过两个多月的尝试，她最终奇迹般地站了起来。后来她开始在狭小的空间慢跑，再后来我们取消了对她的特殊照顾，把她放回野生动物园，现在的她，已经是这个动物园里面的王了，虽然她每个月都还要忍受剧烈的疼痛，但是她从来就没有想过要放弃。孩子们啊，就算是世界放弃了我们，我们都不能放弃自己啊。虽然我们身体上是不完整的，但是我们可以做一个内心强大的人，过跟正常人一样，甚至更美好的人生。上帝提前给了我们常人不能得到的锻炼机会，就是要我们学会坚强啊。上帝不会不公平地对待任何人，上帝允许失败，却不青睐放弃，如果你们放弃了，那只能说你们没有通过上帝的考验，没有资格通向成功的彼岸。"

　　"听完这话，我感到了前所未有的羞愧。我决定发愤图强，做一个有用的人，做一个让自己满意的人，因为上帝不可能不公平，既然提前给了我这样的考验，我们就应该泰然地接受，如果连这个磨难都无法面对，那就没有资格去拥有一个美好的人生，因为上帝允许你失败，但是不允许你放弃。

　　"后面的日子，我告诫自己：走在人生的十字路口，你必须学会保持一个良好的心态来处理；面对失败，你必须学会坚持；面对成功，你必须学会谦虚……"

其实，更多时候我们在困境中更能考验和磨炼自己，因为只有坚持不懈的信念才配拥有成功的回报。

★ 点 评

你可以失败，但是却不可以放弃坚持。本文以事说理，讲述了一个成功人士的童年时期的种种不幸遭遇使他对生活、对未来失去了信心和勇气，但是却因一次参观野生动物园的经历而驱走了心中的阴霾，一步一步走向成功的故事。故事感人，文笔流畅。

坚持不懈和拥抱失败——力克·胡哲

作家心语：完成梦想最关键的就是坚持不懈和选择拥抱失败，把失败看作是一次学习的机会，而不是被失败和恐惧打倒。

1982年12月4日他出生于澳大利亚的墨尔本，没有任何医学方面的解释或警告，没有双手双脚的他来到这个世界。他一生下来就没有双臂和双腿，只在左侧臀部以下的位置有一个带着两个脚指头的小"脚"。

作为一个残疾人，他就这样诞生了。面对这样一种突如其来的打击，父母对这一病症发生在他身上感到无法理解，多年来到处咨询医生也始终得不到医学上的合理解释。但父母并没有放弃对儿子的培养，而是希望他能像普通人一样生活和学习。父亲在他一岁半的时候就把他放到水里，让他学习游泳。6岁时，父亲开始教他用两个脚指头打字。后来，把他送进当地一所普通小学就读。没有父母陪在身边，他受到同学欺凌。8岁时他冲妈妈大喊，告诉她他想死。10岁时的一天，他试图把自己溺死在浴缸里。直到13岁那年，他看到一篇刊登在报纸上的文章，介绍一名残疾人自强不息，给自己设定完成一系列伟大目标的故事。他受到启发，决定把帮助他人作为人生目标。

他知道要达成目标，要经历更多常人所难以想象的磨难。经过长期训练，残缺的左"脚"成了他的好帮手，不仅帮助他保持身体平衡，还可以帮助他进行体育锻炼跟自己的事业。他不仅对游泳十分擅长，他对滑板、足球也很在行。他还能打高尔夫球。击球时，他用下巴和左肩夹紧特制球杆，然后击打。

他还学习了冲浪，甚至掌握了在冲浪板上360度旋转这样的超高难度动作。由于这个动作属首创，他完成旋转的照片还刊登在了《冲浪》杂志封面。

他从17岁起开始做演讲，向人们介绍自己不屈服于命运的经历。随后得到极大响应的他，开始到世界各地演讲，迄今已到过35个国家和地区。他还创办了"没有四肢的生命"组织，帮助有类似经历的人们走出阴影。他的足迹开始遍布全世界，与数十亿人分享他的故事、经历，并在世界各大电视节目中讲演他的故事。

2003年他大学毕业获得会计与财务规划双学士学位；2005年出版励志DVD《生命更大的目标》获"澳洲年度青年"称号提名；2008年至今任国际公益组织"Life Without Limbs（没有四肢的生命）"总裁及首席执行官；2009年出版励志DVD《神采飞扬》；2010年出版自传式励志书籍《人生不设限》。

他就是被中国人称作力克·胡哲的澳洲青年。他用他的人生来告诉我们，完成梦想最关键的就是坚持不懈和选择拥抱失败，把失败看作一次学习的机会，而不是被失败和恐惧打倒。

点 评

拥抱失败，才能从失败中走出，才能不屈服于命运。"叙事说理"、"以情动人"是考场作文惯用的写法，本文作者很好地将这两种写法结合在了一起，故而达到了事半功倍的效果。

孙杨：成功只是两个字的想念

作家心语：当你选择之后，你就必须明白，你所有的幸福都得靠自己打拼，你必须往前走。

他出生于浙江杭州的一个体育世家，父亲曾是安徽省体工队男子排球队运动员，母亲也曾是排球好手，家庭的基因赋予了他运动的天赋。

因为在家族中最小，打一出生起，他就受到了极度的宠爱，这让他处处显得盛气凌人。

两岁，他已经开始躲在女生的后面，冷不丁地拽人家的小辫子；三岁，爷爷刚一转身，他就把爷爷种了一个上午的花连根拔除，还嚷着天女散花；四岁，他在别人家的墙壁上涂满颜料，然后躲在一旁，看着人们着急的背影偷笑。

他成了附近有名的调皮大王，伙伴们都不喜欢他，邻居们也老向他的父母告他的状。他却悠然自得，依旧我行我素。

因为难以管教，父母无奈，决定把他送去学游泳。即使换了新环境，他的调皮也是变本加厉。没有小朋友愿意和他玩，他也就找不到玩的乐趣，只好跟水交起了朋友。

第一次下水，是在五岁。蓝蓝的游泳池旁，其他的孩子畏畏缩缩地躲在老师后面，他却表现得一脸兴奋。老师问谁愿意第一个试水时，话音未落，1.4米的他已经扑通一声跳了下去。虽然呛了好几口水，但老师已经发现了他的胆识和潜力。经过几天的训练，老师越来越喜欢这个调皮的孩子，他在水中的天赋也渐渐显现出来。于是，怎么转化他的顽劣性，便成了摆在老师和父母面前的一大难题。

一次，父亲决定带他去探访一位游泳名将。得知消息，老师立即献上一计。父亲找了条偏僻的小路，因为很难走，他被远远地甩在了后面。他大声请求父亲等等。但父亲没有理睬，只顾自己朝前走。在这里，荆棘丛生，他总是想着躲避它们而减少刺痛，但越是躲避，就越容易被旁边没有注意到的杂棘刺到。等他伤痕累累地赶到山顶时，父亲正和游泳名将拉家常。他本想埋怨父亲，但看到父亲腿上鲜有的伤痕时，他立刻哑然无语。"知道我为什么不等你吗？"父亲微笑着说，"因为在这条荆棘丛生的道路上，我只有一个想法，那就是以最快的速度登上山顶，那样我的挫折和伤痕，才能减到最低。"

父亲的这番话，让他顿有所悟。谈到未来的理想时，他立刻豪情壮志地对父亲说："你看着吧，在我21岁以前，我一定能改写中国的游泳史。"他并没有忘记自己的誓言，回到体校后，他加紧训练，成了到达最早、离开最晚的学生。

老师欣喜地看到了这些变化，任命他为学生中的"小头目"，负责督促其他学员的训练。

不知不觉中，以前的顽童长大懂事了，他不再调皮捣蛋，不再惹是生非。回到家后，他还极力撮合着冷战中的父母，坚持每天早上给家人买油条、豆浆……

15岁，成绩卓越的他正式入选国家队，他成了真正意义上的职业运动员。因为有了专门而系统的训练，他的身高与游技直线上升。

2006年，全国冬季游泳锦标赛，他成了1500米和400米自由泳第一名，他的潜力引起了世人的瞩目。"中长距离之王，"刘翔赞誉道，"从此，中国将诞生一位传奇人物。"

　　2007年的全锦赛，他更是战胜了老大哥张琳，拿下1500米冠军。他没有停止追赶的脚步。父亲也过来加油："你还记得七岁时的誓言吗？你现在就好比爬山只到达了山腰，你不能骄傲。因为成功只是两个字的想念，那就是坚持。"

　　为了进一步提高游泳技能，他去澳洲拜访名将哈克特的教练丹尼斯，虚心受教。2011年上海游泳世锦赛，他获得男子400米自由泳银牌，男子800米自由泳金牌，男子4×200米接力铜牌，男子1500米自由泳金牌，并以14分34秒14打破尘封10年的世界纪录。

　　是的，他就是中国泳坛的热门人物，中国名将孙杨。在2012年英国伦敦奥运会上，他夺得中国男子游泳奥运会第一枚金牌，并在男子1500米自由泳决赛中，再次刷新了该项目的世界纪录。

　　他的至理名言就是，"当你选择之后，你就必须明白，你所有的幸福都得靠自己打拼，你必须往前走，但你永远不知道到达山顶会是脚下的哪一步，所以你只有一步一步，不彷徨，不犹豫，因为只有坚持才能铸就你的辉煌！"

★ 点　评

　　"一步一步，不彷徨，不犹豫，因为只有坚持才能铸就你的辉煌。"这句话说起来容易做起来难，作者选用中国泳坛的热门人物孙杨的故事来予以阐述，十分具有代表性，本文的成功之处就在选材上。

你为什么不成功?

作家心语:"成功"一词可以用一个"赢"字来替代。

对于成功,我们并不陌生。有人尝过它的美味,有人想尝却始终未能如愿,也有人正试图通过某种途径向它慢慢接近。在现实生活中,绝大多数人属于第三种,同时这类人也应该是社会所关注的焦点。所以,很有必要对初衷相同而结果不同的前两类人进行一番彻底的探究,找出两者之间的不同点,来为第三类人指点迷津。

"成功"一词可以用一个"赢"字来替代。乍一看,"赢"字除了笔画稍微多一些之外也没什么特别之处。其实,它包含了成功的五个主要因素。它分别由亡、口、月、贝、凡五个部分组成,它们所代表的含义便是成功的五个主要因素。那么,五个部分分别代表什么意思呢?

亡,当然不是指死亡。把目光看深些,它指的是人应该有存亡意识,要有上进心,不能安于现状。作为一名寻梦者,居安思危绝非杞人忧天。晚清政府的腐败无能便是个铁证,人家早已是船坚炮利,而清廷依旧是大刀长矛,还做着"天朝上国"的美梦,哪有不落后之理! 总之,人要有上进心。

口,讲得简单点便是现代人非常看重的口才。但若把好口才理解成口若悬河或出口成章,未免太肤浅了。把它理解成良好的沟通能力和协调能力,恰到好处。通过沟通,了解彼此的内心世界,从而实现"你中有我,我中有你"。而协调能力则决定彼此间此种良好关系所能维持的时间或融洽程度。现在这个社会很开放，大家热衷于交往。但人们的交际能力依然不容乐观，人际关系仍然紧张。看来，人们的口才还有待加强。

月，不难理解，即时间。成功是一个过程，给这个过程加一个定语：一个漫长的过程。所以，我们需要足够的耐心去接受时间的考验。大器晚成便是个很好的证明。

贝，它的本来意思是金钱。但作为成功的主要的五要素之一，把它看成知识或资源更恰当些。人是在不断的学习中慢慢长大的，这就告诉我们要不断地吸收知识和积累资源，使自己渐渐地强大起来。要知道，成功虽然有一定的偶然性，但更多的是必然性。功到自然成嘛！这与火山爆发是同一个道理。人的一生中，百分之八十的日子是没有鲜花和掌声的，是平淡的。那么，作为一个幸福的追求者，该怎样把这百分之八十的日子往幸福这边靠呢？成功的最后一个主要因素——平凡告诉我们：要能够接受平凡的、平淡的生活，即以平常心对待生活中的一切。但在滚滚红尘中，又有几个人不梦想事业是伟大的，婚姻是美满的呢？而最终导致的结果是高不成低不就，王子与公主开始闹离婚了。生活原本是个什么样子不需要我们管，关键要有一颗平常心。以平常心看待一切，人生便是最幸福的。

在历史的长河中，那些卓越者无一不是"赢"字的最佳解剖者。不妨停下你匆忙的脚步，回头看看，你是否忘了落下了什么东西，以至于迟迟看不到胜利的曙光。

★ 点 评

本文属于议论文。考场上高分议论文的普遍写法是"有的放矢"，即要有针对性。本文的主题是"成功"，但是通篇却写的是可以替代"成功"二字的一个"赢"字，作者将"赢"字的组成部分一个个分开来议论，深入浅出，通俗易懂。

一滴水的方向

作家心语： 不管是面对友情，还是现实生活，人都应该懂得去经营，用心去呵护好自己的承诺。

在美国加州一所贫民窟里，住着一个叫杰米的孩子，因为自小失去父母，杰米一直在孤儿院长大，所以给孤儿院的孩子开所学校，便成了他最大的心愿。杰米一直在为此事奔波着，但不少人劝他："你没钱又不认识几个人，几百万美元的资金从何而来？"

杰米决定去跟当地最有钱的富翁托比借钱，他写了一封热情洋溢的信，带着信，他敲开了托比的院门，却被管家拒之门外，管家告诉他，托比出国考察去了，消息他会传达，但要耐心等待。

之后的每一天，杰米都会去登门拜访，这让管家乔治感到十分困扰，在他看来，衣着凌乱，却一开口就要50万美元的杰米无疑是个大无赖，终于在无法忍受之下，他把杰米痛打了一顿，他以为杰米会知难而退，但第二天，杰米却拄着拐杖又来了。

乔治只好让杰米进去。在书房里，托比和他一席长谈后，托比决定答应他的要求，不过托比也提出要求，希望学校办起来后，能更多收养那些无家可归的人。

半年后，托比在意外中死去。捐款也就没了下文。

一年后，越战爆发，乔治和杰米都应征入伍，两人都恰巧分在一支队伍里，在一次战斗中，为了掩护杰米，乔治壮烈牺牲，他给杰米留下的最后一句话就是，好好活着，别忘记了当年的承诺。

越战回来后，杰米成为了一名商人，但他一直没忘记自己的诺言，这些年，他所收养的孩子最多时已经达到了90名。三年后，杰米因脑癌去世，在弥留之际，他把妻子和孩子布朗喊到旁边，语重心长地说："我这辈子唯一的遗憾就是没有办成学校，你们要答应我在你们有生之年，一定给我办成。"

这确实是个艰难的承诺，这些年收养孩子的生活费，基本耗光了杰米所有的家产，妻子粗略算了一下，学校的建造及其维持，至少需要100万美元。

为了筹集费用，杰米的家人开始到处借钱，社会上善良的人们也纷纷解囊相助，但即便如此，所需资金还差50万美元，就在大家一筹莫展的时候，乔治的儿子吉姆带来了50万美元。

时隔两年后，一所崭新的学校拔地而起，经过商量，校长和董事长分别由布朗和吉姆担任，也算是给在天堂的两位老人一个交代。

美国《时代》周刊曾经评价这所学校说："这是一所让人能学会感恩和尊重的学校，如果说人一生是一滴顺流而下的水滴，那么承诺和道德无疑是它前进和流淌的方向。"

★ 点 评

故事+论述，这是高考优秀作文惯常的写法。但是要使文章能够"出类拔萃"，选材务必要精，且具有一定的分量。本文的亮点就在选材上。

罗京给我解压

作家心语：任何时候，都要把家人放在你心中最重要的位置，只有这样，你才会对自己好一点，也才能以积极的心态投入到工作当中去。

表哥是一名记者，经常往返于成都和北京之间。也认识不少人，但最让他难忘的，还是已故名人罗京对他的循循善诱。

那是2005年深秋的时候，表哥因为采访，再次来到了北京，忙碌了一周，还是没有完成任务，表哥感觉到了空前窒息的压力。

为了给自己减压，表哥决定到公园散散心。那一天，天公也不作美，表哥来到公园的时候，正飘起了毛毛细雨。这让表哥本来就糟糕的心情跌到了谷底。在和正处于冷战的女友发了条永不再见的消息后，表哥关了手机，他突然有了轻生的念头。

表哥爬到了一座假山上，下面就是深不见底的水塘。正在思索间，表哥突然听到有人喊他："小伙子，能不能下来帮个忙？"

是一个戴墨镜，身穿白色衬衫的中年男子。他的前面有辆三轮车，司机正费劲地往前面推。表哥纳闷了：我都不想活了，你还叫我去帮忙？

见表哥不动，中年人继续招呼着。表哥是个热心肠的人，他想，也罢，就当再做一件好事吧。

两个人边推边谈，中年人若有所思地说："我工作压力大时，每次都会来这里，找点事情做，这样我才会觉得生活的意义所在，你呢？"一口纯正的普通话，表哥仔细盯了他几眼，忽然觉得他很面熟，但中年人的话还是让他愣住了。"我？"

中年人微笑着说："是的，你不是也和我遇到了一样的难题吗？"表哥尴尬地笑笑。他突然记起来，这不就是大名鼎鼎的罗京老师吗？刚要激动地张口，罗京朝前面嘘一声，他小声说："我现在只是想享受一个普通人的生活，明白吗？"表哥会意地笑了。

罗京继续说："每个月我都会来这儿走一走，想一想，很多平时想不通的结就打开了。其实，活着已经是一种幸福了，我们何苦又为难自己呢？"表哥若有所悟地点点头。

罗京指着前面的一对搀扶前进的老年人说："你看，谁说他们现在不是幸福的呢？什么时候你都要记住，家人永远都是你温暖的避风港，如果你能经常这么想，你就不会再做什么傻事了。"

表哥一张脸涨得通红："是我太冲动了，一时想不开。"

罗京微笑着说："你能这样想，那就对了。记住，任何时候，都要把家人放在你心中最重要的位置，只有这样，你才会对自己好一点，也才能以积极的心态投入到工作当中去。"

三轮车很快到了目的地。临别之前，罗京友善地伸出了手。表哥顿时激动地伸出双手，一副虔诚而恭敬的模样。

这件事一眨眼就过去四年了，但是表哥一直忘不了，在北京的某个公园里，在那个心情颓废的下午，他遇到了一张真诚而热情的笑脸，得到了一份心灵的宁静，收获了一段特殊的友谊，以及一份处理生活和工作的智慧和勇气。

点 评

　　本文通过讲述"表哥"所经历过的一件事而带出本文的中心论点，是个比较创新的写作方法，值得大家学习。因为自己的事，别人的故事，都是作文的好题材。只要我们多加留意身边的人、事、物，在与别人沟通交流的时候多一个"心眼"，一定不会让自己在作文的时候"无话可说"，"无事可谈"。

等待一个从容的出口

> **作家心语**：等待也是一种智慧，坚持等下去，才能给自
> 己不安的人生找到一个从容的出口。

托马斯·穆勒是德国著名足球运动员，在南非世界杯上，凭借五个进球和三个助攻力夺最佳射手金靴奖，同时他也毫无悬念地获得本届世界杯最佳新秀奖。但鲜为人知的是，穆勒还是一个环球旅行家。

在加入德国国家队后，他就多次和他的志同道合者到处探险。南非世界杯前，他决定好好地休整一下，便和他的朋友出发了。他们的目的地是道拉吉里峰。

在做好了充分准备后，大家出发了。很快，便到达了山腰。如果一切顺利的话，三天后，他们就能登上山顶，大家都为之庆幸不已。

但是，穆勒却感到了不安。他让大家开始扎营休息，静静等待登山的最好时机，这让伙伴们十分不解。

晚上，天气开始变得异常奇怪，到处都能听到撕裂的声音。此时的穆勒清楚地知道，他们即将遇上雪崩了。伙伴们都慌了，不少人建议赶紧撤离，还有人干脆说，坐雪下滑更能争取逃命的时间。穆勒却说："现在撤退，恐怕会更危险。"有人便问："那怎么办？"穆勒只说了两个字："等待。"见大家惊讶，穆勒便说了一个故事。

故事与他的父亲有关。他父亲年轻时，也是个登山爱好者。有一次，和一

群登山爱好者，去攀登一座险峰，半路上遇到雪崩，大家便赶紧逃命，坐雪下滑，却不想引起更大的雪崩，最终，有一半的队员被埋在浩瀚的冰雪中，再也没有出来。

穆勒说到这儿时，大家都安静下来。穆勒接着说："我想告诉大家的是，在面对灾难时，逃离虽然是人的本能，但还有一种更保险的方式，那就是等待。"

因为做好了充分的准备，虽然雪崩很快来临，穆勒和他的伙伴们都毫发无损。等风雪停止后，他们便开始了前进的步伐，并且顺利地攀登上了峰顶。

回到德国后，穆勒并没有把事情诉诸媒体，他只是平静地和父母谈起这次经历，他说："这次探险的收获比我过去20年的收获还要多，因为我学会了怎么去从容面对生活。人生就好比一场旅行，我永远都不知道灾难会在什么时候发生，而且也不知道血肉之躯能否承受得住，所以，我只得等待，再等待。其实，等待也是一种智慧，坚持等下去，才能给自己不安的人生找到一个从容的出口。"

★ 点 评

　　本文采用的依然是故事+论述的惯常写法。作者善于收集世界各地各行各业名人的事迹，并能将其巧妙地用于自己的作文写作当中，非常值得考生们学习。

国庆节的约定

　　母亲总是这样，一到放假，她的电话就来了，不是问我什么时候回去，就是问我什么时候可以带对象回去。

　　星期日，我和公司的几个同事正在外面吃饭，母亲的电话又来了："军军啊，你什么时候回来啊？"当时吃得正欢，我信誓旦旦："国庆节一定回去。"挂了电话，也就没再想这件事。

　　过了几天，母亲的电话又来了："中秋节你没回来，国庆节你一定会回来吧？"我笑："妈妈，不是还有一周嘛，我这次一定回去，对了，池塘里的鱼还有吧？"母亲在电话里笑："有呢，有呢，都养着等着你回来呢。"我笑："我就知道妈最好了，什么事都向着我。"

　　在我心里，母亲是个很坚强的人，她能面对许多苦难。父亲在我很小的时候就去了远方，只剩下我们俩。她一直都坚信男孩子要多读书才有出息，为了送我读书，这十多年来，她风里来，雨里去，受了很多罪，也遭受了很多白眼。

　　今年中秋，因为加班，没能回去，那天晚上，母亲提着一麻布袋橘子过来了，母亲说："知道你准不会回来，我只好过来了，这是家里刚成熟的橘子，送点给你吃。"

　　我想留母亲过夜，可母亲不同意，她说家里的鸡、鱼、猪，都等着她照顾呢。从家到我这里，要换两趟车，再走两小时。我不知道，母亲一个人在这漆黑的夜里颠簸三个多小时，是什么感觉，但我知道，那橘子吃在嘴里，甜在心里。我没忘记回家的约定。

　　国庆节，我处理完琐事，匆匆回家了。本来想给母亲一个惊喜，谁知刚到门口，就听见里面有说话声。在后屋的院子里，摆着一张石桌，三副碗筷，三杯酒，母亲端坐着，端起右边的一杯酒说："孩子他爸，你走了这么多年，我不怪你。只怪，我们家太穷，留不住你的心。"一口饮尽，母亲又端起左边的一杯酒说："军军，你工作忙，难得回家，我也不怪你，都是为国家效力，我理解。"母亲接着端起自己前面的酒杯说："这一杯，我敬你们俩，祝孩子他爸，你在远方能幸幸福福。祝我的军军，你事业节节高升。当然，有时间就回来看看我，毕竟我老了，见一天少一天。"

　　我再也忍不住了，含着热泪，跑了过去。我大声说："妈妈，我回来了。"母亲站了起来，她激动地说："军军，你真回来了啊。回来好，回来好，我已经等你整整三个国庆了，你终于回来了。"我含着热泪说："我怎么会忘了这个温情的约定呢？"我给自己的酒杯倒满酒，一饮而尽。

　　入喉，温暖而芬芳，像母亲的爱，饱满、深沉，一口，便能温暖整个人生。

★★★ 点 评

　　散文，形散神不散。本文讲述的每件事看似都很散，但是都有一条主线贯穿，那就是与母亲的国庆节回家的约定。在写这类文章时，一定要注意"神一定不能散"。

马齿苋的爱

作家心语：我想，从今天起，我的每一天都是充满力量的，因为，家乡的气息在，母亲的爱也在。

最近眼睛干疼，母亲知道后，特意从乡下带了一大包马齿苋过来。自从在外地工作后，已经很久没看见这种东西了，小时候，它可是我的最爱。

兴致勃勃地打开袋子，一股清凉的味道沁人心脾。

那天晚上，母亲给我们做了六道菜，全是以马齿苋为材料，马齿苋拌豆芽，蒜蓉马齿苋，马齿苋肉丝汤，凉拌马齿苋，马齿苋拌鸡丝，马齿苋炒蛋。

母亲说，马齿苋是田头路边随处可见的一种野菜，它耐旱，生命力很强，性寒，味甘酸，可以清热解毒、凉血止血。

记得小时候，家里穷，母亲经常会采些马齿苋回来做凉拌菜，一开始，我和哥哥都认为这是野草，怎么能吃呢？母亲笑着说："等吃了，你就喜欢了。"入口，酸酸甜甜的，暖人心窝。正如母亲所预料的那样，我和哥哥顿时喜欢上了这道菜肴。

我执意让母亲带我们去采马齿苋，我还信誓旦旦地说以后这个任务就交给我们了。我是家里的小儿子，父母舍不得让我做事，但抵不住我的请求，母亲应许了。一个周末的傍晚，我和妈妈来到了田埂上，到处都是杂草，我顿时慌神了，不知道哪个才是我的目标。母亲说，像马齿状的，淡绿色或带暗红色的就是它了。但我连找了一段田埂没找到，就泄气了。母亲笑着带着我朝前面走，不一会儿，她就连采了好几把。夕阳的余晖照在母亲的身上，拉出长长的斜影，好美。

从这以后，每年3月到10月，我都会坚持采马齿苋，这一坚持就是十年。采回来的马齿苋除了自家吃，更多的是带到了城里。妈妈告诉我，这东西，农村吃得少，但在城市里很受欢迎，绿色无污染，还是保健品。

读大学后，我还多次到当地的菜市场买马齿苋回来吃，吃着酸酸甜甜的马齿苋，便想起了我的童年，想起了那道在夕阳下美美的斜影，心里便充满了奋斗的力量。

母亲带来的马齿苋太多，我把剩下的都做成了盆栽。每天早上起床，我都会轻轻抚摸，这让我感受到了一种久违的亲切感，耳际还传来一阵细微的声音，就像父母的教诲轻轻吹过儿女的身旁，心中便心旷神怡起来。我想，从今天起，我的每一天都是充满力量的，因为，家乡的气息在，母亲的爱也在。

★ 点 评

家乡的气息，母亲的爱。这就是这篇散文的"精髓"所在。散文所记叙的事，有时会很散，不过都会在文末点题，用一段带有哲理性的文字进行收尾，这篇文章的亮点就在于此。

梦想总是在远方

那一年，我十七岁，高三毕业后，我厌倦了读书的日子，我说我想去做生意。父亲没说话，从破旧的衣服深处，摸出一把皱巴巴的钞票，父亲说："跟叔叔去闯荡吧。家里有我和你妈妈在，你不用担心，好好去干，实在不行，就回来，家永远都是你的家。"

提着简单的行李，我上了去广州的火车，叔叔在广州开了家外贸公司，他早就想让我去帮忙。到了广州后，叔叔却不急着叫我去帮忙，而是把我带到了南郊一个荒凉的寺庙。

在山脚，叔叔停了下来，他指着前面说："去把那些落叶都扫了吧。"我定睛看去，地上到处都是落叶，我想，这么重的任务，就是两天两夜也干不完，我不由得心虚地望了望叔叔。可叔叔的表情是认真而严肃的，我只得依言拿起了摆放在旁边的扫把和簸箕。

就这样，我一级台阶一级台阶地往上面扫。一小时后，叔叔问："你累吗？"说实话，我早就累得腰酸腿疼了，这样高强度的劳动，是我一直都未经历过的。但是我没有说出来，在叔叔坚毅的目光里，我只有选择坚持。

叔叔继续说："我知道你累，但如果你换个角度想，你每扫完一级，你就离山顶又近了一步，再扫完一级，又近了一步，每次你都能近一点点，这样去想，你就有无穷的斗志，才能越扫越快，越扫越有干劲。"

叔叔的话让我茅塞顿开。我把还没扫完的台阶以十级为一组，跟自己竞争着，看每扫完一组，用了多少时间。

就这样，到下午四点，当我扫完最后一级台阶，站在山顶上时，突然充满了成就感。叔叔拍着我的肩膀说："孩子，人生和扫台阶是同样的道理，有目标，有梦想，才能激起你生命的斗志。"

我不由得从内心里感激叔叔，是他带领我胜利完成了人生的第一次壮举，后来叔叔又告诉我，他其实并不想我一辈子就在他的手下混，他希望我能出人头地。

正如叔叔所意料的那样，两年后，在积累了大量的实践经验和人脉后，我开始脱离叔叔，自立门户。

在叔叔的帮助下，我成立了一家外贸公司，生意越做越红火。而现在我正在湖南筹建我的第一家分公司。

梦想总是在远方，而我永远在拼搏的路上！

★★★
点 评

本文是一篇散文，它的亮点在于，在叙事的过程中加以议论，即在文中用"有目标，有梦想，才能激起你生命的斗志"这么一句话点题，之后继续叙事，最后在文末再用一句"梦想总是在远方"来升华主题，这种写法比较有特色，避免了"一味叙事"和"一味说理"的情况。

不能放弃，只能努力

　　作家心语：有时候我们努力了，并没有得到回报，那是因为鲜花还在远方，所以看不到，我们还得努力。

　　七岁的儿子因为竞选班长失败，他顿时觉得他的天都黑了。回到家里，不吃饭也不作声。

　　我只好带他去郊区的外婆家散散心，一路上，他不停地向我抱怨，他为班集体做了多少多少好事，但付出并没有得到回报。他还说他准备辞去小组长的职务。

　　到了母亲家，孩子突然拉着我的手，直往阳台跑。我顺着孩子所指的方向，只见窗户上，一只粉红色的蝴蝶，拼命地往外面钻，玻璃很滑，蝴蝶一次次失败，却又一次次往上扑。在玻璃的最上方，有个三厘米宽的小洞，我不知道它是怎么进来的，它是迷路了，它想回家了。

　　儿子想帮它，但是他很快发现，玻璃推不开，他唯有焦急地望着，并颇有感触地说："真是个执着的小家伙。"

　　这话从孩子的嘴中说出，我不禁心念一动。我跟着说："是啊。这是只迷路的蝴蝶，它不知前进的路在哪个方向，但是它在努力，它没有放弃，你看它每上升一次，不就离成功近了一步吗？所以，这只蝴蝶才会让人那么敬佩。"

　　"孩子，有时候我们努力了，并没有得到回报，那是因为鲜花还在远方，所以看不到，我们还得努力。"我说。

儿子恍然大悟："就像这只蝴蝶一样，它现在无法飞出去，去拥抱美丽的大自然，那是因为它做得还不够，还不能看见美丽的鲜花。同样的道理，我也不能放弃，我得努力，只有这样才能得到大家的赞同，是这样吗？"

"对极了，我的宝贝。"我忍不住把儿子抱起来，使劲亲了一口。回头，我分明看见那只粉红色的蝴蝶，从缺口处飞了出去，我仿佛听到了它亲吻鲜花时的笑声，生动又婉转。

点 评

本文有两个亮点。一是"夹叙夹议"，即在叙事的过程中说理，很自然，一点不显生硬。二是语言美，意境美。作者用优美的词句讲述了一个至情至性的道理——"不能放弃，只能努力"。

一杯茶

作家心语：有些事情，你所看到的很可能只是表象。遇事不能冲动，让自己冷静下来，才能了解事情的来龙去脉。

那一年，我读初三，哥哥读高一。家境原本就不好，加上我们哥俩读书，家底一下子就被掏空了。万般无奈的父亲听从别人的建议，拎着一个包走了，说是出去打工，其实是去一家地下工厂做事。

那时，我并不知道父亲干的是违法的勾当，只知道父亲从来都是晚上上班的，工作轻松，工资很高。

父亲每周都会来学校看我一次，往我手上塞上几张票子，父亲说："娃，我这辈子不图别的，只希望你能考个好大学，不再过脸朝黄土背朝天的日子。"我郑重地点了点头。父亲给的钱远远超过了我的日常所需，但我没乱花，积攒着准备将来上大学用。

我为父亲自豪着，我甚至想，等将来大学毕业了，我也选择和父亲一样的职业。然而，后来发生的事却如锤子一般慢慢碾碎了我的梦想。

一个晚上，父亲刚走，在市区执法大队工作的叔叔就跑来找我，叔叔说："你爸爸是不是给你钱了？给了多少？拿出来。"然后趁着我发愣的刹那，拿钱就走。我扯住他不放："你凭什么拿我的钱？"叔叔恼火地说："这钱你不能用，用了会害你的。"我把拳头捏得紧紧的，真想扑过去和他拼了。

初中毕业后，我考取了市里最好的高中，当我拿着录取通知书回家时，父亲却出事了，是叔叔带人去抓的。工厂里其他人都跑了，就父亲老实，没跑。我听后气极了，有这样当叔叔的吗？！拿了把菜刀，我就往叔叔家跑。那一刻，我满脑子想的就是如何报复。

刚跑出门口，就被邻居杨老师一把拦住，他说："我不打算拖你，不过在你去之前，孩子，你先喝杯茶，好吗？"

说着，杨老师端来一杯凉茶，怒火中烧的我一口气喝光了，一股凉意直抵心田。我坐了下来，心也静了下来。仔细想想，叔叔平时对我们家照顾有加，他这么做或许另有苦衷。这么想着，我的怒火慢慢熄灭了。杨老师又语重心长地说："孩子，我知道你一直以你父亲为荣，出了这样的事，你一时无法接受，这是人之常情，可是你有没有想过，有些事情，你所看到的很可能只是表象。遇事不能冲动，让自己冷静下来，才能了解事情的来龙去脉。"

第二天，叔叔带着父亲回来了，由于父亲从事用工业酒精兑白酒的不法勾当，被罚了1000元，钱还是叔叔垫付的。

后来我读大学时，叔叔主动承担了我的学费，他告诉我，他真怕我走父亲的路，所以他不得不管。我在想，如果当初杨老师没有拦住我，现在的我会有怎样的人生？我从内心里感谢杨老师的那杯茶。

★ 点 评

喝一杯茶的时间，就能让自己按捺住内心的冲动劲儿，就能让自己冷静下来。这个简单的道理，并不是人人都懂的。作者用自己的亲身经历告诉大家这么一个生活哲理。没有华丽的辞藻，没有深情的文字，有的只是最真诚的内心独白。

偷点时间陪父母

作家心语：父母们的心愿不多，一个微笑，一句安慰，就足以让他们心满意足。

好几次，我都听见朋友的父母给他打电话的时候，他总在说忙，没时间回去。而真相是，朋友宁愿把时间花在睡觉看报纸上，也不愿意回那个贫穷的小山沟。

他和我是从小玩到大的朋友，我们一起逃学，一起在生意场上闯荡，最后都住进了同一个小区。他就住在我的对面，一抬头，我总能看见他在阳台上睡觉的模样。

那次，朋友小孩六岁生日，我们去祝贺，他父母也来了。老父老母都在厨房里忙碌着，而他却悠闲地搓着麻将。好几次，老母亲用粗糙的手，给他倒茶，想和他说几句话，他却厌恶地转过头去。

又有一次，我们决定回老家去，去找他，他在阳台上正晒着太阳，他说："我正忙着呢。"而事实是，因金融危机的影响，他的生意一落千丈，几乎已无事可忙。

我能理解，一个在山沟里受够了苦的人，在发达以后，往往会嫌弃那个山沟，甚至不想再踏进大山半步。只是何以连生他养他的父母，他也嫌弃？难道，仅仅是因为他们的穷酸？

忍不住问他，他却信誓旦旦："我从没亏待过他们，每月的生活费，我都按时打过去！"真想好好批评他，而父母的电话却偏偏在这个时候打来。

母亲说："玉米给你们准备好了，鸡也杀好了，只等你们回来了。"我说："公司里还有点事，等忙完了，就回来。"挂完，我又对他说："我得走了，我不能让父母等得着急。"

朋友纳闷儿地问："不是说还有事吗？怎么现在就走？"我微笑着说："是啊，父母已经够辛苦了，我只是想偷点时间让他们多乐乐。哪个父母不希望被自己的儿女们天天放在心里，挂在嘴里？你再想一想，如果我说是请假或者说因为挂念着他们，提前忙完了，他们会怎么想？"

朋友若有所悟地说："他们一定会很高兴，因为儿女们是如此重视这份亲情。"我点点头："是啊，同样是回家，为什么不选择一个更让父母开心的方式呢？其实，父母们的心愿不多，一个微笑，一句安慰，就足以让他们心满意足。"

我又拍拍朋友的肩膀："父母给予我们的，我们永远都无法偿还，但我们可以多做点小事让他们感受到我们的牵挂。比如，多打几个电话，多回去看看，至少我们是能做到的，你说是不？"

朋友低下头不说话。

朋友的公司陷入困境，是在我回来后，因为投资不当，朋友亏了，欠银行的一大笔钱，也必须限期归还。他到处借钱，缺口还差十万。

那段时间，朋友真是急疯了。他甚至想到，把自己的房子卖了。于是，我忍不住把消息告诉了朋友的父亲。

没想到，第二天，朋友的父亲就提了八万块过来。他说："这十年来，儿子给的钱我一分都没动，都给儿子存着。"他还把家里所有值钱的都卖了。

那一次，朋友抱着他的父亲，哭得稀里哗啦。

再一次回家，朋友突然给他父亲打了个电话，说忙完家里的事，就回来，然后带着妻女，乐呵呵地坐上了我的车。

于是，从这以后，我的脑海中便经常浮起这么一幕：在那个美丽的早晨，在大山里，我们牵着父母的手幸福地朝前走，在后面，是两个红领巾飘飘的孩子，我们的笑声一浪高过一浪……

★ 点 评

文末用一段作者想象的画面予以结束，给人一种浓厚的温馨感。本文讲述"我"和"朋友"用两种截然不同的态度对待父母的故事，采用的是"对比"的写法，此写法比较新颖，善学活用必能给自己的考场作文增色和加分。

没见过大世面的父亲

作家心语：没见过大世面的父亲，却没让孩子有任何蔑视，相反的是尊敬和感激。

父亲是大山里唯一见过大世面的人，所以每次喝酒，父亲都会说起他在外的经历。父亲去过的地方很多，比如广州、南京、上海等等，可他每次说得最多的还是东方明珠塔："在中国，最漂亮的地方就是东方明珠塔了，登上去，俯瞰上海全景，那个才叫爽。"

很多人闻声走过来，坐下，父亲压低声音，把一只手搭在身边邻居的肩膀上："我跟你们说，去那里看看后你们就知道了，一定不会心疼自己所花的钱。"

父亲说这话时，我正好六岁。穷困潦倒的父亲，为了家里三个儿女的学费，决定外出打工。借了一百元路费后，父亲匆匆出发了。一年半后，父亲风风光光回来了，不仅交清了我们三兄妹的学费，还把房子里里外外装修了一遍。父亲顿时成了村里最红的人。

于是，从小到大，我们一直以父亲为榜样。初三那年，因为贪玩，我从树上摔下，胳膊断了，那一阵子，我十分沮丧，甚至以为自己从此都无法写字了。哥哥把哭泣的我狠狠批评了一顿，最后他说："好好振作起来，我们的父亲是见过大世面的，我们也决不能做孬种。"

我胳膊康复的那年秋天，父亲要带着母亲去上海玩，原因很简单，大山里有一些人对父亲产生了怀疑，无凭无证的，说不定父亲只在大山外溜达了一圈，就瞎编说自己去了很多大城市。这不，父亲就说，一定要带张照片给大伙看看。

国庆节之后，父母回来了。哥哥便问："你们真去了，好玩吗？"母亲说："当然去了，太美了，那是我这辈子见过的最美的地方。"我们小小的眼睛里便充满了期待，我们三兄妹甚至还约定，好好努力，十年后相约在东方明珠塔前见面。

父亲的手里还有一张照片，那是他和母亲在东方明珠塔下照的，一栋笔直的塔楼前，有两张幸福的脸。

从那以后，父亲在乡亲们面前，把腰杆挺得更直了，村里人更加尊敬父亲了，见了我们也都客客气气的。

后来，我们三兄妹相继考上了大学，父亲也开了家饭店，成了大山里第一个敢吃螃蟹的人。我研究生毕业后，和哥哥姐姐相约在东方明珠塔前见面，去了才知道，那塔比照片里的还雄伟十倍。只是在给父母的家信里，我仍口口声声坚持，那模样和照片里一样的美，没白来一趟。

事情的真相，是父亲住院后，从母亲口里得知的，其实父亲从来没有去过上海，第一次出去，父亲到县城里的煤矿待了一年半，第二次出去，父母也只是在省城里兜了一圈，照片是在照相馆合成的。

我的心中涌起一种异样的情绪，眼泪充盈了眼眶。与父亲对视时，我的眼睛里没有任何蔑视，相反的是尊敬和感激，尽管，我的父亲，他从未出过远门！

★ 点 评

　　本文构思巧妙，开篇就设置了一个悬念，即父亲究竟有没有去过东方明珠塔。后文在清楚地交代了事情的真相，即父亲其实从未出过远门之后，用作者内心最真实的感受"尊敬和感激"进行结尾，升华主题，一个字——妙！

那个黑色的春天，我把姐姐和姐夫都告上了法庭

作家心语： 姐姐说："顺子，恭喜你打赢了官司，可是，没有爱的春天会天黑，你知道吗……"

1

拿到判决结果的那刻，我终于忍不住热泪盈眶。经历了这场六个月的官司，虽然我拿到了属于自己的那10万元，可是我还能快乐吗？没有了母亲，姐姐也远离我而去，偌大的一个家，只剩下孤零零的一个人。我忽然想，我到底是赢了还是彻彻底底地输了。

有敲门声，是姐夫余左平，想都不用想，他是来拿东西的。细风中，他冷若冰霜："邹小顺，把我的东西还给我。"我转身把电动车的钥匙给他，我嚷："你再看看，还有什么，我不想再欠你什么。"余左平却说："邹小顺，有些东西你一辈子都还不清，保重。"然后在我愤怒的眼光中扬长而去。

我从小就恨他。什么东西他都跟我抢，10岁，他跟我抢座位，12岁，他跟我抢班长的位置，20岁，他又跟我抢姐姐，而如今他甚至还想霸占那属于我的10万元。

对于他和姐姐的婚事，我是家里反应最激烈的。这个卑鄙又没读过多少书的小男人，有什么资格说能给姐姐一生的幸福。我哭过，闹过，甚至自杀过。但姐姐还是毫不犹豫地跟他而去。

每次姐姐回来，试图和我说话，我总是把冷漠的脸转过去或者在她的叹息

中慌不择路地逃走，其实我是盼望她能追来，但她没有，我的泪忍不住再次夺眶而出："姐姐，你终究是选择了不要我。"

那个黑色的春天，我把姐姐和姐夫都告上了法庭。

2

事情的缘由很简单。姐姐结婚后想去承包一个茶馆，但缺少资金。母亲把家里值钱的东西都抵押了，还差10万。母亲只好来找我，她拉着我的手说："顺子，我知道你这些年做生意，赚了不少钱，这样吧，你就当是妈向你借的。你姐也辛苦，多替她担当一点。"

其实，余左平之前是来找过我的，我没理他，但我不能不理母亲，最后一咬牙，借了10万。后来，姐姐也送了张借条过来。

再后来，我就恋爱了，那是我的第一次恋爱，我爱得如醉如痴。男友是个货车司机，其实我倒不挑剔他是做什么的，只要对我好，我就心满意足了。母亲却对我们的相恋持反对意见，她苦口婆心："顺子，你知道对方的底细吗？就这样把什么都给他了，将来你会后悔不及的。"

也许是恋爱中的女子都是白痴，我表面上答应母亲和他尽量减少往来，但实际上，我把东西搬过去和他同居了。

他说，想回家去看看母亲，我二话不说给了他五百，他说他这个月跑的业务少，还亏了，我又给了他一千，让他去还别人的账。直到三个月后，我才知道。

他在赌。

在大家的反对声中，我们的爱已经是风雨飘摇了，何况他还在赌，我不禁想，这样的爱情还有未来吗？

我没脸告诉别人，那段时间，我唯有终日以泪洗面，他一再向我保证，他会戒赌，他甚至跪下请求我的宽恕。他还说："顺子，我不开车了，我想去开个服装店，天天有事做了，又有你监督，我就没时间赌了。"一去打听，至少要10万。当时我已没做生意了，手头根本拿不出那么多资金。男友说："你姐姐不是还欠你的钱吗？"

想到他能改邪归正，我心软了。

我去找姐，姐姐说："这钱不能给他，他是什么人？一个小混混，这样的男人能信吗？"我没说话。余左平又说："是啊，听你姐姐的没错，顺子，你太单纯了，连好人与坏人也分不清。"我咬牙说："这是我的选择，我承担一切后果。"

但磨破了嘴，姐姐都不肯给，最后我说："你要真不给，那我们就只好法庭上见了。"阳光下，母亲哭得肝肠寸断。

余左平说："顺子，为了一个不值得信任的男人，你要将你姐和我都告上法庭，值吗？"

我说值，为了我那心爱的男人。

3

但男友还是没能等到官司宣判，在我母亲住院的前一天，就悄悄地走了。从此，音信全无。母亲说，她不怪我。但所有的人都知道，是我把母亲气出病来的。

23岁那年春天，母亲走了，我成了大家口诛"舌"伐的对象。

我忽然想读书了。经过一年的准备，我考上了北京一所大学的研究生。读书的那几年，我没回过家，我也没脸回去。

只是偶尔在梦里想起母亲，她拉着我的手，一脸泪水："孩子，我死不瞑目啊，你一定要回去看看，跟姐姐认错。你和你姐是我的孩子，手心手背都是肉，你叫我如何取舍？"

忽然想起小时候，我总牵着姐姐的手一起走，或者干脆骑在姐姐的背上，姐姐说我就是她的活宝贝，这辈子，她都会保护我，不会让我受任何伤害。

我说："真的吗？"姐姐就跟我拉钩。在碧蓝的天空下，我的笑声如驼铃般响亮。

想得越多，思家的情结也就越重。研究生毕业后，我顺利得到了去美国留学的指标，一切手续都已经办好，但就在出发的前一周，我突然回了家。

先去看母亲，才到山头上，我就听见一个熟悉的声音响起。是余左平，我一辈子都记得这个声音。

他跪在母亲的坟墓前，手里头拿着一张相片。

"妈，我又来看你了，我知道你想顺子了，她一切都好。我去过她学校了，问了她的老师，她要去美国留学了，我打心里为她高兴。但我没脸见她，我又悄悄回来了。"

"妈，当年是我不好，我没处理好和她的关系，要不然她就不会告我们，您也不会气出病来……这些年来，我一直都不能原谅自己。"

余左平忽然把头扬了起来，像是和我说话，又像是自言自语："顺子，你知道吗？其实你姐姐一直最爱的是你，有些时候连我都妒忌。你交了那个男朋友后，你姐就去打听，当得知对方是个赌徒后，你姐便去和他谈判，结果被毒打了一顿。所以当知道他要借钱时，你姐宁肯被你冤枉也不愿意看你再深陷泥潭……顺子，你可知道你姐的苦吗？其实，那笔钱，你姐早已以你的名字存下了……这三年来，你姐姐想你都快想疯了，她天天都在村口等着，日盼夜盼着你能回来。"

余左平说不下去了，我忽然疯狂地朝前跑着，泪洒了一地。余左平说得对，有些东西，我是一辈子都无法偿还的。

村口，一个瘦弱的身影朝公路上张望着。那是我姐吗？

我哭着跑到她的身前，她先是怔了一下，然后大叫："顺子，真的是你吗？我以为再也见不到你了呢？"

我抱住姐的胳膊使劲哭，我说："是的，姐，我回来了，我再也不走了。"

姐突然把我推开："你不是要去美国留学的吗？"我说："我不去了，就算去了，没了爱，美国的春天都是黑的。"

姐拼命点头，细细的春风里，我感觉到浑身暖暖的。我搀扶着姐姐往回走。我又看了山头一眼，我在心里说："妈，你安息吧。我不会再离开姐姐了，这辈子，我都与她相拥相依！"

点 评

写小说，最重要的是布局，故事情节要此起彼伏，层层推进。本文布局巧妙，高潮一个接一个，悬念也一个接一个，十分引人入胜，故事性也很强，确为一篇好文章。

追赶白云

> **作家心语：** 人生所有的幸福，都可以用自己的双手去完成。

那其实不过是一条普通的裙子，摆在店面的角落里，可是对于从来都没穿过裙子的珍妮来说，那几乎是世界上最美丽的裙子。整个七月，珍妮都在这家小店的门口流连忘返，她的目光一直定格在那件裙子上。

她甚至有去店里向老板求情的想法，只是自尊心告诉她，不可以这么做。小店的老板是个慈祥的老人，每一次她走过来，老人总会停下他手中的活儿，望着她，然后和蔼地说："进来看看吧，不买也可以的。"

终于，珍妮抵挡不住诱惑，她像一朵云飘到了那件裙子旁。然后，手再也没有离开过。那是多美的裙子啊，珍妮甚至闭上眼睛在瞎想，要是妈妈生日那天，能得到这份礼物，那她的病一定会好起来的。

这么想着时，珍妮都笑成了一朵花。老人说："喜欢吗？你穿上去，肯定很漂亮。"珍妮点头，又猛然摇头，珍妮说："我想送给我妈妈，等她生日时穿上这件裙子，我相信她一定是世界上最漂亮的妈妈。"

不过，珍妮还是离开了店，因为她的身上没有一分钱。

离母亲的生日越来越近了，珍妮也开始着急起来，她深深知道那条裙子对于自己和母亲的重要性，她甚至多次在梦里看到母亲穿着漂亮的裙子，在自己面前快乐地转圈，就像一只起舞的天鹅。心急之下，她想到了用父亲临终前给她的怀表做抵押。

她小心翼翼地将怀表递给老人，然后用乞求的声音说："爷爷，我能抵押那件裙子吗？它对我太重要了，我希望母亲在两周后的今天能穿上它，勇敢地走下病床。"

"孩子，这块怀表对你来说太重要了，我要不起。这样吧，这件裙子，我给你留着，等你赚到钱了，我就把它卖给你。"

珍妮用力地点点头，临走之前，她还留下了自己的详细住址。

之后的十多天里，珍妮开始努力地赚钱，卖报纸，捡废纸，她把赚到的每一分钱都小心地放在荷包里，当然这一切都是瞒着母亲进行的，只为要送给母亲一份惊喜。

终于筹齐钱了，珍妮在赶往小店的路上却不幸遇到了车祸，虽然只是小伤，可医生告诉她，至少得在医院里躺一周，这就意味着，珍妮将无法在母亲生日的那天，送上自己用双手赢来的礼物。

那一刻，珍妮难过地哭了一地的泪。

可是让她始料不及的是，两天后，一位和她年纪相仿的女生敲开了病房的门，手上还捧着她最钟情的那件裙子，她和母亲各一件。原来，老人等了很多天都没看到女生上门，但自己行动不便，便让孙女去送，后来才得知她进了医院。老人并非不想把裙子抵押给她，只是想让她明白，人生所有的幸福，都可以用自己的双手去完成。

在裙子的最上面，还留有一行小字：穿上它，让每一片裙摆都去追赶白云。

★ 点 评

　　本文没有唯美的语言，没有大段大段的道理，只有感人的小故事，只有真挚的情感，是一篇十分出色的励志散文，以讲故事的形式给读者传递"人生所有的幸福，都可以用自己的双手去完成"这样一个人生哲理。

让我们相偎在爱的路上

作家心语：在父母的时光之箭里，孩子便是靶心。

临时决定回家看望父母，想给他们一个惊喜，也就没有提前通知他们。进门，母亲正在厨房里紧张地忙碌着，轻声唤娘，母亲赶紧用围巾擦擦手，然后惊喜地说："二娃，你终于回来了，你都有三个月没回家了。你爸今早还在念叨着，要不要给你送点刚炼的猪油过去。"

母亲连忙拨打着父亲的手机，说儿子回来了，让他买些菜早点回来。然后母亲走到挂在墙上的日历前，用笔歪歪斜斜地写上我的名字。母亲没读过多少书，她唯一会写的就是两个儿子的名字，仔细翻阅着日历上我和哥哥的名字，果真有三个月没回家了。

我怔住，内心却如打翻的酱油瓶，不知是何滋味。我每天都在忙着自己的事情，也很少打电话回家，每次都是母亲主动打过来，这才提醒我没有主动和父母联系了。

是的，生活对于我说，犹如疾行的船，大风大浪或者阳光细雨，要做的事情太多，要想的问题也多，日子过得紧凑而充实。

但父母的生活却不同了，我和哥哥每回一次家，他们就忙碌一次，杀鸡宰鸭做好吃的，还要准备很多吃的让我们带走，比如辣椒萝卜，比如猪油，比如白辣椒，比如干杂菜。似乎我们的回来便成了他们生活的动力。在我们离开的日子里，他们依旧忙碌着，精心准备着，静待我们的再次归来。

母亲常笑着说："你回来我们还累些，饭都要多煮几把。"母亲说这话时，一脸幸福和自豪。

记忆里的父母，从来都是忙碌的，起早贪黑，披星戴月，忙着赚钱的同时还要忙着照顾我们。而现在我们长大了，有了自己的事业，也有了自己的家庭，原以为他们能好好休息了，他们却依旧整日忙碌。

曾听一位老人说过，在父母的时光之箭里，孩子便是靶心。

看着父母渴望而期待的眼神，我忽然沉思起来。在父母的生活里，我们就是他们生活的焦点和中心，他们所有为之奋斗的源泉就是我们，而今后，我们生活的焦点，也是父母，我们彼此生活的交叉点是爱。就让我们相偎在爱的路上，一直到永远。

点 评

不仅要和爱人携手到老，更要搀扶着父母到老。本文的情感描写细腻，故事情节虽简单但字字句句都饱含着真情，采用的是标准的"以情动人"、"以事说理"的写作手法，这也是考场高分作文的普遍写法。

陪你再走两百米

作家心语：陪你再走两百米，为的只是让爱能安心。

她和奶奶相依为命，她从没见过她的爹娘。只是听说，妈妈在她两岁那年，得了场大病，在医院输血时，不小心感染了艾滋病，因为怕传染给她，一个人偷偷走了，爸爸去追，也一直没再回来。

奶奶住院的那段时间，正是她高三最紧张的复习阶段。但她仍坚持每晚来陪奶奶。从学校到医院不远，但是必须得经过一条小路，长两百米，两边都没房子，全是树。一到晚上，显得阴森可怕。听说，这里出过好几起案子。

就因为这个，奶奶不让她来。可是以她家目前的情况，连支付昂贵的医药费都成问题，更不用说请人照顾了。很自然地，她想到了退学，而且这种想法越来越强烈。

她没告诉奶奶，她只是认为这是解决问题的最好办法。那天中午，她去看了一下奶奶，回来，却突然发现学校的大门旁坐了个女人，她脸上蒙着面纱，手里拿着一本书。

下晚自习，她出来，那个女人也跟着她走，保持着二十码的距离，不紧不慢。她不知道那个女人在那里干什么，甚至不知道那个女人叫什么名字，好几次，她停下来想问，女人也停下来，她走，女人也走。

之后每天，她都看见女人坐在那儿，直到她晚自习下课，她才起来，收拾好凳子走，然后在她进入医院后，转身离开。

后来，她知道女人就住在学校后面。她从没有和那个女人说过话，她觉得女人是在有意躲避和自己交流的机会。但是有一点，她很清楚，她再不害怕，甚至还对那个女人产生了好感。

连续几天，她没看见女人，她忽然觉得不习惯，下晚自习出来，她站在马路上，心像被掏空了一般。

脚步声响起来，她停下，她分明看见那个女人，正一步一步地走过来，步履迟缓，她很想去扶，可她知道，女人是不会接受她的好意的。

头一次，她把步子如此放慢，也是头一次，她有了一种被幸福拥抱的感觉。

就当她最后一只脚跨出这条小路的时候，她分明听见了沉重的落地声。转头，她已倒地。她跑过去，女人却喊住她："不要过来，我有艾滋病，我怕传染给你。"

她忽然想起她离家出走的妈妈，她毫不犹豫地说："我不怕。""可是我怕！"女人大声说。

女人接着喘了口气："与你相依为命的奶奶是不是病了？"

"是。"

"你是不是想到了退学？"

"是。"

"你还恨你妈妈吗？"

她拼命摇头，眼里湿湿的。

"听我说。"女人又喘了一口气，"我这辈子没为你做过什么，没有尽到做母亲的责任，我一直都觉得愧对于你，我……"

女人连续喘了几口气："我可能再也不能陪你了，我走后，请把我和你那苦命的父亲葬在一起，他的骨灰，就放在我租的房子里。"

她再也忍不住了，哇的一声哭了出来，她紧紧抱着女人，而女人红润的脸蛋开始黯然失色："明知道身体不好，你为什么还要出来啊？"

"只是想陪你再走两百米。"女人静静地说，头开始下垂。

她大声喊妈，可是女人再也听不到了。泪眼模糊中，她觉得她的整个世界，都被一颗爱的心温暖了……

★ 点 评

    本文的出彩之处在于语言描写，简单，自然，且饱含真情。尽管通篇未有一句话或是一段富有哲理性的总结性文字，但是字里行间处处显示出本文的主旨思想：为了让爱能安心而陪你再走两百米。

那个在网上人肉营销的人

作家心语： 在这个世界上并没有不可能的事，只要敢想敢做，就一定能成功。

认识他，是在我经常去逛的一个论坛里。他就在那里发帖，比如如何鉴别真假货，如何选择买家。好奇之下，我打开了他的帖子，就这样聊了起来。后来才知道，他和住我在同一个小区里。

之后的日子里，我一直关注着他。他总会给我一点惊喜，比如他会问我："你知道什么叫'六度分离'理论吗？"见我惊讶，他只好自问自答："所谓'六度分离'，是说世界上任何两人之间最多通过六个人就能联系起来。这看起来非常奇怪，但科学研究发现，这的确是事实。"比如他又会说："你知道什么叫'人肉营销'吗？简而言之，就是利用自己的人脉关系，帮别人推荐网店产品，从而获得提成。"

和他聊天，很多人都会认为他是一个职业网客，但实际上不是，他只是一个大二的学生。有时候我很纳闷儿，怎么不去好好读书，却在网上瞎折腾，不过，我并没有轻看他，这样的男生，至少是我喜欢的类型。

他在网上的每一个帖子，都会引来众多的跟帖，很多人都说他的帖专业而细致，为网购的人节省了不少的时间，但有的人也认为他是在作秀，是在炒作，但不管怎么样，他红了却是不争的事实。

于是，大家都叫他"淘客男"。

后来听说，他之所以去做网络兼职，是因为他的母亲。他家境并不好，为了供他读书，母亲一天到晚地忙碌，一不小心就病倒了，是急性动脉硬化，虽最终脱离了生命危险，但需要很长一段时间进行调养。为了赚足母亲的医药费，他找了几份兼职，但仍不够，在朋友建议下，他便当起了淘客。

他告诉我，第一个月他共成交了487笔，提成收入3458元。动动键盘，收入就这么高，我感到十分惊讶，好奇之下，我决定去他住的地方看看。

进去时，他正在紧张地忙碌着，电脑桌面上显示出很多排列有序的word文档，他告诉我，他每天都会在电脑中保存几十甚至上百条网店信息，之后再分门别类进行筛选。我问："那你岂不是天天都要起早贪黑？"他点点头说："五点就起来了。没办法，以前人肉营销的人很少，现在成批成批地增长，所以竞争也越来越激烈了。"要离开时，他突然说："我准备做一个网站，祝我成功吧。"我说："你一定会成功的。"他笑了笑，目光飘向远方，在他的眼神里，我看到了一种熟悉的表情，叫坚持。

一个月后，他突然来找我，笑得很开心："借你吉言，我成功了。现在有几十万人收藏了我的网站，很多朋友在网购前都会来我的网站看看，这个月我拿到了一万多元的提成。"他从口袋里取出一本书说："也没什么送给你的，这是小时候，父亲送给我的《钢铁是怎样炼成的》，我一直珍藏着，现在我送给你，略表我的感激之意。"

从那以后，他经常会来找我，我们一起谈人生，谈理想，谈创业。他说，等母亲的病好后，他准备和几个志同道合的朋友组建一个淘客团队，以获得更大的发展空间。我完全相信，像这样有主见、有思想的人绝对不会被尘世所湮没。

两周后，就听说了他母亲出院的消息，而且有几家网络公司也纷纷向他递出了橄榄枝，但都被他委婉地拒绝了，他觉得自己还年轻，还处在积累经验的时候。他说，做网络营销仅仅是个开始，等毕业了，他要建立属于自己的创意公司。

　　还有什么好说的呢，我只能远远地祝贺他，并且支持他。一个刚刚大二的学生，就以网络证实了自己营销的能力。在这个人肉搜索的年代，他用自己的智慧和勇气，一步步坚持下来，也走出了与众不同的路。这样的年轻人，无论是他的胆略，还是他的眼光，都值得其他人效仿。

　　是的，在这个世界上并没有不可成功的事，只要敢想敢做，并且脚踏实地地去实践自己的理想，一点一滴累积，一天一天坚持走下去，终究能走出属于自己的一片艳阳天。

　　就比如在网上人肉营销，就比如他。

> **点　评**
>
> 　　点题，可以是一段话，也可以是一句话。这篇文章的亮点在于文末点题的那一句话，看似简单，但却留给读者无限的遐思。此写法非常吸引眼球，可以尝试。

幸福，从来就不曾离开

作家心语：不松手，不放弃，幸福才唾手可得。

他以前总抱怨自己的命不好。

自他记事儿时起，就一直没见过母亲。据说，她是厌倦了小山沟里的穷日子，一个人悄悄地走了，连声招呼也没打。父亲却从没责怪过母亲，默默地拉扯着他。13岁，他有了新的母亲，他也想努力讨好。只是他的后妈，打一开始就很讨厌他，稍不顺心就棍棒加身。父亲实在忍不下去，就带着他回到乡下的老家。

他开始念书，很用心地念，从初中到高中，他一直是全校第一。后来，他考进一所自己梦寐以求的高校。拿到录取通知书的那天，父亲哭了，苦了这么多年，终于看到希望。

他找了一份好工作，也有了女朋友，虽说对方家境不是太好，但是个很孝顺的姑娘。她对他说："咱们把爸接来一起住。"他就对父亲说："爸，咱们的苦日子终于熬到头了。"

他忽然觉得幸福离自己那么近，伸手可得。但不幸的事还是发生了。那天，他和女友去健身中心，却突然昏倒在地。去医院检查，是急性白血病，需要紧急换髓。

那一刻，他哭得快疯了，精神到了崩溃的边缘。他的人生才刚刚起步，他的抱负还没施展，此时却已走到生死边缘，望着年老的父亲和未过门的妻子，他做了一个痛苦的决定。

他的脾气变得越来越差，动不动就骂她。她却逆来顺受，始终贴身照顾。

为筹集医药费，父亲急得白了头发，他在病床上望着来回奔波的父亲，眼里满是泪水。他突然发狂地去拔输液的针头，被眼疾手快的她死死抱住。

她哭着说："你这又是何苦呢？"他说："我不想再连累你们。"

为怕他再做傻事，以后每次输液，她眼睛都不敢眨一下。可就是这样无微不至的照顾，并没有换来他的感谢。相反，他对她越来越讨厌，父亲对她的态度也急剧恶化，经常恶语相向。终于有一次，她无法再忍受，哭着跑了。

父亲以为她不会再回来。却没想到，一周后，她又回来了，手里还带着一张房屋转卖的契约。

他的手术如期进行，等他醒来的第一天，她却悄悄走了。父亲没有说，他也没有追问，他欠她的实在太多，一辈子都还不清，她有权利自由选择她的道路，无论是留下或离开。

一周后，她带着泪水又回来了。原来，她的母亲脑出血突发，她才迫不得已回去，幸亏没出大问题。

看到这些，父亲再没说话，只是默默地把一本日记交给她，没读几行，她已是泪流满面。

"今天是她走的第一天，她走了，我的心也跟着走了。如果不是怕对不起年老的父亲，我真不想在这个世界上再多待一天。

"我们又没结婚，不能再拖累她了，于是我和爸爸商量了一个办法，就是赶走她，她终于中计了，我不知道是不是该替她庆幸，但我的心很痛。

"想不到她又来了，真是打不死的程咬金，其实我的心里很高兴。因为她对我实在太好了，所以我要振作，我要自救，我要重新过上我们曾经向往的幸福生活。

"她又走了。没说原因，很多人都说她是因为责任留下来的，现在我的手术完成了，她也可以没有顾虑地走了。但不管怎么样，我都相信她，我会等她，不松手，不放弃，人生的路有多长，就等多久。"

她抱着日记本，幸福地哭了。他的愤怒，他的用心良苦，他的等待，这一切都是因为爱。正如她回老家去卖房，正如她对他的贴身照顾。这些爱，才支撑着他们战胜一切困难，一步步接近幸福。

他说得对，不松手，不放弃，幸福才唾手可得。

后来，他们经常出现在市区的公园里，微笑写在每个人的脸上。是的，他们的确是生活在幸福中，因为善良和坚持，幸福从来就不曾离开。

★ 点 评

因为善良，因为坚持，幸福才不曾离开。又是一个感人的故事，又是一篇以事说理的佳作。不过本文最大的亮点在于故事的铺排上，即在对故事进行描述时，有悬念，有伏笔，且层层推进。

那些无法忽略的爱

作家心语： 能为儿女奉献自己，是所有母亲最大的快乐。愿天下所有的儿女，不要忘记这份容易忽略的爱。

终于决定接母亲一起来住。母亲一直住在乡下，自从我来到这座城市工作，我们三五年才能见上一面。或许因为思念过多，母亲的白发也越来越多。

也许是想珍惜这难能可贵的相聚机会，母亲来我家之后，表现得尤为谨慎和小心。碗总是摆得整整齐齐，地总是擦得干干净净。母亲本是个粗线条的人，做事不太讲究，要做到这些，真的很不容易。看着母亲忙碌的身影，我心生愧疚，想去帮忙。母亲笑着说："你呀，别瞎搅和，看书去，乖。"我只好闪到一边。记得小时候，我还可以跟在母亲的屁股后，摆摆碗，或者整理好筷子……只是现在，旁边已经没有我可以做的活儿了。想到这些，我的眼睛一下红了，哽咽着说："妈，让您过来，真是委屈您了。"母亲轻轻敲我的额头："傻孩子，妈只有你这么一个依靠了，妈做这些高兴还来不及呢。只要你们都好好的，妈就知足了。"

可是母亲的勤快也遇到了麻烦。因为不识字，也没见过电脑，母亲在收拾我房间的时候，也顺便把电脑清洗了一下。妻子是最早发现这个问题的，以为是孩子玩水枪溅到的，就大声地斥责起儿子来。母亲不知道发生了什么事，赶忙跑过来问。等问清楚了，母亲的脸一下子红了，尴尬地说："是我弄的，我看太脏了，就忍不住用水擦了擦，想不到，好事都变成坏事了。"妻子还想说什么，被我用眼神止住了。我把母亲拉到一旁说："妈，电脑是不能用水擦的，一旦水进入电脑里面，就会把机器烧坏。应该用酒精擦。"母亲听了，很自责。

可是第二天上午，母亲提着拖把，又准备上楼。被心细的妻子一把拦住："妈，您老应该多休息。以后像拖地擦洗这样的小事，就由我做好了，您去看电视。"妻子又笑着说，"妈，您要是觉得无聊，可以去邻居家学打牌嘛。"说着，不由分说地把母亲拖到了房间里。

母亲果真下楼了，但她只是"安分"了一天。之后，我们就经常听到母亲的叹息声，接着母亲也不去邻居家了，整天不停地在我们身边走来走去。有一天，母亲突然说："这里已经没我的位置了，我看我还是回老家吧。"我心一紧，连忙说："妈，是不是儿子有什么地方得罪您了？让您不高兴了？我改。"母亲犹豫了一会儿，才说："妈从小就是忙的命，你们突然不叫我做了，妈不习惯。这些天，我一直都在想，你们是不是嫌弃妈老了，不中用了。"我的眼睛一红，低声说："妈，我错了，您以后想干吗就干吗。我只求您能住下来，让儿子能和您天天说话聊天。"

我的母亲，一个大字不识的母亲，却将儿女的事，哪怕是很小的事，都铭记在心。看来，能为儿女奉献自己，就是母亲最大的快乐。愿天下所有的儿女，不要忘记这份容易忽略的爱。

★★★ 点 评

父母最大的快乐就是为儿女奉献。这篇文章表面上看是一篇励志文，其实也是一篇警示文。此为本文最出彩之处。作者用他的亲身经历告诉读者，很多时候我们都忽略了父母对我们的付出，忽略了父母的感受。

家有一只青花罐

作家心语：三十年了，叔叔一直都忘不了那些温暖的日子，总是不停地把那只青花罐擦了又擦。

自从叔叔退休后，他每天都要到书房，把家里的那只青花罐擦了又擦。我忍不住好奇，问叔叔："这个宝物值多少钱？"叔叔笑了，说："这只青花罐是无价之宝。"然后给我讲了一个故事：

故事得从爷爷说起。爷爷是个军人，参加过远征缅甸的战争，后来与部队失散，随后流落在缅甸。三年后，爷爷娶了当地一名华人后裔，也就是我的奶奶。爷爷一直想回老家，但路途太远，爷爷也没有多少积蓄。叔叔二十岁时，爷爷病倒了，为了筹钱给他治病，家里卖光了所有值钱的东西，但离昂贵的手术费还有很大一段距离。在无奈之下，叔叔只好把家里的一只青花罐拿到了古玩市场。虽说是个赝品，但如果不是行家，无法看出破绽，为了给爷爷筹集医药费，叔叔也只好出此下策了。

叔叔在古玩市场站了三天，由于价钱卖得太高，根本无人问津。那天晚上，叔叔正准备失望地离开，突然有人拍他的肩膀，是个美籍华人。"你要卖这个罐？"叔叔说："是的。"毕竟这是个赝品，没说两句话，叔叔的脸红了。中年人边把玩着青花罐边和叔叔攀谈起来。中年人说，他来自美国，他叔叔是个收藏爱好者，这次他来缅甸是专门来帮叔叔收集青花瓷器的。叔叔呆了，沉思了一会儿，他突然说："其实这个窑罐……"

中年人拍拍叔叔的肩膀，又说："我知道，你一定是遇到难题了。可是我手头没带这么多现金，这样吧，我先交一部分定金，明天再来找你。"

第二天中午时，叔叔刚从医院出来，意外地碰到了中年人。中年人兴高采烈地说："找你找得好辛苦啊，钱我已经带来了，货呢？"

叔叔咬着嘴唇说："实话告诉你吧，这是个赝品，不值那么多钱。"中年人待了一会儿，然后笑了。叔叔惶恐不安地摊开手说："可你的定金我已给了医院了，我暂时没法偿还，这样吧，这个青花罐你拿着，等我凑到了钱，我再赎回来。"

中年人突然提高了声音："不，我买。"叔叔诧异地说："赝品，你也要买？""是的。"中年人眼睛湿润了，"这青花罐虽然是个赝品，但在我的眼里它就是无价之宝。所以，我情愿再加1000缅甸元。"叔叔心怀感激地收下了钱，然而爷爷还是没有挺过来，在一天后不幸去世。按照爷爷最后的遗愿，他的骨灰将送回老家安葬。

在临行之前，中年人再次出现了，他手里拿的正是那个青花罐。中年人说："我听说了你的故事……"离开之时，叔叔和中年人相拥而别。

不久后，叔叔就回到了祖国，并在老家成家立业。时间一转眼就过去三十年了，叔叔却一直忘不了那些温暖的日子，总是不停地把那只青花罐擦了又擦……

点评

点滴之恩不可小看。本文的写法很独特，虽然通篇未出现过"帮助"二字，但是讲述的的确是叔叔收到陌生人的帮助而渡过难关的故事，并通过这个故事告诉人们，给予需要帮助的人一点帮助，可以温暖他们的一生。

第 **3** 辑

每一个微笑背后
都有一颗坚韧的心

　　她望着母亲，也不说话，把那又矮又丑又胖的女人抱了过来，双手紧紧地握在一起，她用这个有力的动作，向父亲承诺，不管是现在，还是将来，她们都会相依在一起，形影不离。只因，她是她唯一的母亲，她是她唯一的女儿。

那不只是一场游戏

作家心语： 人生就好比攀登，因为在低处，所以你看不到远方的风景，所以你只有努力，不遗余力地去努力，让自己站得更高。

最近，男人感到彷徨，因为他的儿子沉溺在游戏厅，有事没事就往那里跑。男人曾试过很多方法，但都没阻挡儿子去的步伐。男人决定和儿子做场游戏，男人把儿子带到一座荒凉的大山脚下。男人指着山顶说："山那边就是我们的家，如果你能翻越这座山，以后你做什么事我都不会管你。"

"真的？"儿子两眼放光。男人肯定地点点头。儿子像脱缰的野马，一个劲地往上面跑。山里的路特别难走，越走地势就越陡峭，到最后已经无路可走。儿子举目四望，然后摇头叹息。"怎么办？"儿子问。

男人鼓励他说："再找找，说不定有出路。"儿子真的去找，过了半晌，儿子兴奋地喊："爹，真的有路了，以前有人来过这里，并且留下了字。"男人也振作起来，男人走了上去，发现一棵树上有一行字：7月15日，途经此地。

再往后面走，还能看到类似的指路牌，儿子指着一块大石头说："爹，你看这里还有留言呢。"男人走近一看，上面整齐地写下了几行字：人生就好比攀登，因为在低处，所以你看不到远方的风景，所以你只有努力，不遗余力地去努力，让自己站得更高。

是谁经过这里，留下的这些字呢？他到底受了什么挫折呢？全都不得而知，但重要的是，这些字确实给了绝望中的儿子希望和信心。

之后的路，依然陡峭，但在字的指引下，儿子走得很顺畅。两小时后，他们顺利翻越了这座荒凉的山。

短暂休息后，他们重新上路了。男人得把儿子送回家。在门口，碰到了女人，女人问："你们今天干吗去了啊？"男人说："今天，我们去做了一个游戏。""那么，谁赢了呢？"男人指着儿子："当然是你宝贝儿子。"儿子却摇摇头说："是老爸赢了。"

男人笑了笑。他捏了捏儿子红扑扑的小脸。可是他不敢再逗留，他还得回去上班，他还得努力赚钱，然后把赚的钱全部带回家，妻子养病要钱，孩子读书要钱，他不敢有任何松懈。

男人走得有些急，转弯的时候，他再次遥望家的方向，想起儿子最后那番醒悟的话，男人笑了，上午他和儿子做的那个游戏，让他满足和幸福。

★ 点　评

　　本文出彩之处在于悬念的设置。悬念，不仅能勾起读者的阅读欲，还给读者思考的空间，善用此法写考场作文，必能获得高分。

给生活一张温暖的脸

作家心语：每一次牵手，他都谨记于心，那种百转流长
的温暖，正潜移默化地影响着他。

他在这所城市，任劳任怨。可是有一天，他从三层楼上摔下来，成了残疾人。公司给了他一笔低廉的回程费，就打发他回家了。女朋友也绝他而去，更要命的是，来接他的老母亲也遇到了车祸。噩耗传来，那一刻，他突然觉得天崩地裂，昏死过去。

艰难地处理好母亲的后事后，他来到医院，他并不想就这么一辈子都站不起来，为了省钱，他没住院，只是选择在每个周末，去医院。

从医院到他的家，隔着一条河，需坐船。从小，他就在这里长大，哪里水有多深，有暗礁，他闭着眼睛都能说出来，可是现在不同了，他是残疾人，一个拄着拐杖的人，上下船都是极为艰难的。有时，因为动作慢，后面的人甚至粗鲁地把他推到旁边，好几次他把持不住，差点摔进河里。

他突然觉得自己是被这个社会抛弃的人，以前，他四肢健全时，不知道曾帮助过多少困难的人，现在他落难了，不仅没有人伸出援助之手，反而落井下石，他感到极为悲哀，甚至绝望得想死去。

他也就没再去医院了，那个灰色的黄昏里，他想到了在家中结束自己不幸的生命，他最后一次来到了河边，想最后一次坐船。

这一次，他默默地站在了最后，他不想生命中最后一次体验还被人凌辱。

突然，一阵温暖传到了他的手里，是个小女生。女生说："叔叔，你怎么不上船呢，我帮你吧。"

他的心一暖，在女孩的帮助下，他轻松地上了船，下船后，女孩又问："叔叔，你明天还会过来不？"他艰难地点点头。

第二天，第三天，女生都会早早地在渡口等他。他很想说些感激的话，但在女孩那张微笑的脸下，他觉得一切都是多余的。他又在想，等腿好了啊，他一定要登门拜谢，感谢这个在为难时候帮助他的女生，以及她伟大的母亲。

但是有一天，他来到渡口，却没再见到女生的影子，迎接的是个男生："叔叔，我妹妹有事，以后就由我来接替她的工作。"他有点惊讶，但没追问。第二天，第三天，女生再没出现。

腿康复之后，他成了一家孤儿院的院长，他忍不住去询问女生的下落，男生沉默了很久才说："我妹妹患的是白血病，前天去了，她说她唯一的遗憾就是没能看到您康复，她又说，这几天是她一生中最开心的日子，因为她能用一颗善良的心，来帮助别人，爱别人。"

他的手停在了半空中，潸然泪下。是的，这个女生的每一次牵手，他都谨记于心，那种百转流长的温暖，正潜移默化地影响着他，他终于明白，他并不是被抛弃的废物，这人世间的爱，无时无刻不在包围着他，牵引着他朝前走。他并不是孤独的，女孩虽然走了，但温暖还在。爱，就永远不离不弃。

★ **点　评**

　　人世间的爱，其实无时无刻都在自己身边，只是自己有没有用心去发现而已。本文的亮点在于此起彼伏，层层推进，慢慢解开悬念，文末富有哲理性的段落升华文字，此写法不难，但是需要作者用心去架构。

每一个微笑背后都有一颗坚韧的心

作家心语：在困境面前微笑，不仅仅是一种勇气，更是对亲朋和家庭的一种责任和义务。

每天，我都要经过银行门口，在门口的大树下，有个补鞋的摊子，摊主是个男人，看样子就是个老实巴交的人。每次我经过时，他总是朝我友善地一笑，虽没聊过，却感觉很亲切。

终于有了一次交流的机会，那是我的鞋钻掉了。我拿去找他。正是中午，我看见男人的前面放着一只碗，大概是刚吃完午饭，男人想站起来走走，看见我，连忙微笑地招招手，然后又坐下。我急忙把鞋递过去，男人看了看说："你要是急的话，我就先用胶水帮你粘粘，要是不急，我用针线缝一下，这样才牢固。"

我说："不急。"男人便笑了。男人找出一根大针，然后穿上，男人的动作有点慢，但我并没有因此而感到不满。男人找了块牛皮搁在自己的大腿靠胯的地方，这时我才发现他的两只裤子都是空的，很明显，是个残疾人。

"你每天是怎么过来的？"我惊讶地问。

"每天早晚，妻子都会用板车送我过来。"男人看了看腿，然后笑了，"我的妻子也在这个城市打工，当然我的两个孩子也都在这个城市。"

"他们都很听话吧？"我又问。

男人的眼睛亮起来："是的，每天放学后，都会来这里等我，一起回家。

你也知道的，现在这个年代的孩子，叛逆心都很重，但是他们让我很放心，他们还说一定要考上大学。"

说话间，男人试图用针穿破鞋钻，但是失败了，男人并不灰心，而是继续努力着。

"你有两个那么听话的孩子。"我忽然羡慕起他来。

男人说："是的，他们很听话，但你也知道的，两个孩子读书，再加上开支，我的妻子负担很重，所以我必须出来修鞋。不过我的水平比较差，总是给顾客添麻烦。"

男人忽然有点自卑起来。

男人大概花了半个小时，才帮我弄好鞋，说实话，男人笨拙的手把我的鞋子弄得很糟糕，但这并不妨碍我的好心情，回来的时候，我还看见几个邻居一路兴奋地朝他那边走。

跟同事聊天时，才知道男人是在两年前残疾的，那次，为了救一个乱穿马路的女孩。男人从此失去了双腿。同事也是从一个记者那儿听到这个故事的，后来，他们的鞋坏了，总是去找男人补鞋，尽管他的手艺不太好。

"你不要以为这只是一种施舍。"同事继续说，"每次和他聊天，我总能收获一份好心情，我想，这份快乐，也绝非一两元能买到的。"

我不得不承认他说得很有道理。

第二天下班的时候，我路过时，他突然向我招手，他的身边还站着两个孩子。

"也没什么好送给你的。"男人有些腼腆地说，"那天你的鞋修得不太好，我这里有两束野花，我家的后面就是个山坡，所以我让孩子摘了些，希望每天都能给你带来好心情。"

两个孩子送过来的时候，我看见他们的脸上都洋溢着快乐的笑容，男人也在笑，因为他们知道，在困境面前微笑，不仅仅是一种勇气，更是对亲朋和家庭的一种责任和义务。

★★★
点 评

　　本文的主角看似是"我"，其实是修鞋的男人。这种写法给人的感觉很真实，很容易将读者的情感带入文中，让读者能身临其境，这是考场高分作文的创新写法之一。

有没有爱温暖过你卑微的心灵

作家心语：每一份父爱，就算暂时隐没角落里，只要有足够的温暖，就能将他身边的每一个亲人，温柔地环住。

从小，他就恨他。虽然，他是他的儿子，可儿子又算什么？他在外打工多年，却很少关心过他，也从没回老家来看看，他甚至都不记得父亲长什么模样。

他只记得五岁那年，母亲和父亲大吵了一架，然后离家出走，却不想遇到了车祸，从那以后，他拒绝再在别人面前提及父亲的名字，他逢人就说，他的父亲已死，就在母亲离开人世的那个晚上。消息传到他父亲那边，父亲勃然大怒，托消息过来，骂他是逆子，然后断了他的生活费。

他不气，也不恼，他对相依为命的奶奶说："我会靠打工来养活自己。"

他做过很多事，捡过垃圾，卖过报纸，到工地上搬过砖，就这样，他一步步把自己送进了大学。入校那天，当老师看着他长满厚茧的手，所有的人都不禁为之动容。他却笑着说，那是一个男子汉应该做的。

但他心里还是有隐痛的，只因他是个没人疼的孩子。所以，当室友的父母每次来寝室时，他总躲得远远的，他只好每次对自己说，要忍住，要坚强，没有过不去的坎儿。

但父亲还是来找他了，因为，他是他唯一的亲人。也就是那个时候他才知道，父亲成了公务员，还做了一名部门领导，但他一直没再娶，虽然，有很多女人都愿意跟他。

"跟我走吧,"父亲说,"现在我什么都有了,只差一个儿子。"

他别过头去:"我没有父亲,我父亲早死了。"

之后,父亲总会在每个月末来找他,他也不躲,他说,他就听,只是他拒绝父亲所有的帮助,他说:"我是个男人,我可以靠自己。"

四年大学,他靠自己的努力,硬是挺过来了。毕业那年,他参军了。可是父亲出了事,因为经济问题。当警察来找他时,他一股脑儿地把知道的和隐约知道的,全都倒了出来,父亲也因此入狱,获刑三年。

原本以为,把父亲送进监狱,他至少可以好受点,但全然不是那样,难道真是人们所说的,血脉相连,茎断了还连着根?

他没去看父亲,因为不敢,他总觉得自己是无情无义的,他即使再不爱他,但还是生他的父亲。

一次偶然的机会,他迷上了音乐,成为了文工团的一名歌手。他报名参加了全国青年歌手大赛,从初赛到复赛,他一步步走了过来,可是他还是遇到了阻碍,评委说:"你的歌声里,总是充满了内疚和恨,让人感觉不到爱和温暖,如果你迈不过亲情这道坎儿,你可能会止步于十强之外。"

他想他们说得不错,他是无法去面对父亲,以前是恨,而现在是愧疚。

无聊,上网。在一个叫忏悔人的博客里,他突然看到了自己儿时的照片,是父亲的博客,那个因为妻子离世而自责不已的男人,上面记录着他思念妻子和儿子的点点滴滴。长这么大,他第一次哭了,原来,原来,不论自己身在何处,父亲爱的视线从来没有离开过自己。

他终于决定去见父亲,去请求他的原谅,他的宽恕。

电话是监狱打来的,说他的父亲在医院,很严重。他在电话里很激动,声音都变调了。

他很快赶到了医院。见了父亲,他埋头就哭。只因,他是他的父亲。

他一直陪着他，照顾他，衣不解带，还好，是个良性肿瘤。他送他去监狱，彼此依依不舍，他说："后天，就是总决赛，我希望你能来。"

决赛很快来临，还有一分钟，就轮到他登台演出，可是环顾四方，都没有看到父亲的影子。他感到了焦急。

轮到他上台了，可是他一直都没唱，掌声再次响起来的时候，他分明看见，在角落里，一个带着锃亮手铐的男人在向他卖力地摇手。他的眼泪掉了下来。他唱了一首关于父亲的歌，是他自己写的，歌声中，那些关于父亲的回忆就像电影画面一般，浮过他的眼前。

他的心里本来有一座冰山，此时，却全部被爱和温暖融化。

当他获得冠军的声音传出来时，他看见，那个头发花白的男人，正激动地和周边的人说："台上那个，就是我的儿子。"

他把父亲请了上来，他拿着话筒，大声喊爸。

他愣住了，继而说："你是叫爸爸了吗？你终于肯认我这个父亲了吗？你不恨我了，不埋怨我让你受了那么多年苦，不嫌弃我是坐了牢的人？"

他点头，又拼命摇头。继而是拥抱，热烈的拥抱。

一直以来，他都认为父亲是不肯原谅自己的，却从来不曾想过，他从来都没埋怨过子女，他的爱依旧在，亲情依旧在，就算暂时隐没角落里，只要有足够的温暖，就能将他身边的每一个亲人，温柔地环住。

★☆☆ **点 评**

一篇好的情感美文，首先得感动自己，只有感动了自己，才能感动别人。这篇文章字字句句都有血有泪，赚足了读者的眼泪，这就是成功，这就是佳作。

她的温暖，从不曾离开

作家心语： 不管是现在，还是将来，她们都会相依在一起，形影不离。只因，她是她唯一的母亲，她是她唯一的女儿。

1

她对母亲一直是有怨言的，母亲是典型的坨坨妹，一米五的个子，还很胖，脸上长满了雀斑，脾气也很差。而她，最要命的是，都继承了母亲的缺点，一块遮盖半边脸的雀斑，都小学六年级了，还是班上最矮的。集合时，永远站在第一个，排座位，永远坐在黑板下面，同学们给她取了个难听的雅号"东施"，她走到哪儿，迎接她的都是嘲笑和议论。

这样的屈辱，自她有记忆起就伴随着，她害怕去人多的地方，害怕和人说话，甚至她一听到别人笑，就会认为是在嘲笑自己，内心里，她把这些怨恨都转接到了母亲身上，如果母亲高一点，漂亮一点，她就不会这么矮，就不会有雀斑，出去也不会这么丢人，更不可能成为别人的笑料。

她也不给母亲好脸色，稍不满意，就怒骂母亲，说："没见过你这么笨的人。"又说："我很烦，别给我添乱。"儿童节，母亲想喊她一起逛街，她脱口而出："两个皮球，在街上滚来滚去，你不嫌丢人，我还嫌丢人呢。"

母亲愣住了，转过头去，微胖的身体颤抖着，半晌，才默默地走开。后来，从父亲那儿知道，母亲原本是打算给她买几件漂亮的衣服，她没有半点感激，她说过的一句最狠的话是："真是瞎了眼，出生在你这样的家里。"

116

那个笨拙的母亲，是她见过最蠢的女人，菜炒得难吃，做事又慢又拖拉，织一件毛衣还要花半年，出去办事，经常被邻居指责。只是很奇怪，父亲对母亲，从来都是细言细语的。他的爱，像大海，缠缠绵绵地包围着这个家。

2

15岁，她学会了逃课，跟着一群混混儿出没在网吧，涂着大红嘴，叼着一支烟，肥臀在阳光下扭来扭去。那一次，她正和几个小混混儿去玩，在路口遇到了班主任和母亲，母亲气势汹汹地跑过来，一把夺下她嘴中的香烟，一个巴掌抢过去："好的不学，就学坏的！"几个混混儿想过来，但被母亲瞪得如牛眼的气势吓坏，落荒而逃。

母亲揪着她的辫子回家，她疼得大喊："你这个恶女人，我究竟做错了什么？把我生得这么丑，这么矮，现在你又来管我的私生活，你是不是想让我死了，你才能安心。"

母亲的脸一下子变得煞白，却没有多说话，拽着她回了家，她想，这辈子她完了，活在这样的家里。

之后，没有混混儿敢再来找她，她也收敛了，安安静静地读书，高考后，她填了一所很远的学校，她只想，离这个和她水火不容的女人，越远越好。

大学几年，她很少回家，并非不想，只是怕面对那个被她深深伤害过的老母亲，在外越久，她对母亲的怨恨也就越淡，有时她想，母亲也许白了头发，不知道她做事的效率是否高了些，做的菜，虽然难吃，但那里面洋溢的是家的味道啊。

有一次，和父亲聊天，不经意间提起母亲做的腊肉，一周后，她就收到了一个包裹，里面全部是母亲做的干菜，腊鱼、腊肉、辣椒萝卜、白辣椒……听父亲说，母亲现在唯一的嗜好就是给她做干菜，颜色虽然不好看，也有点咸，可是她吃着，总感觉到阵阵温暖。

3

大学毕业后，她就近了找了份工作，母亲也并没有反对，只是带了个信来，说混得不好就回去，家永远都是她的家。

不久后，她恋爱了，结婚了。母亲来看过她一次，拉着男人的手，嘱咐他一定要让她幸福。只是她并没有得到应有的幸福，两年后，男人在外面找了个有钱的女人，无情地把她抛弃了。

她哭得死去活来，一时想不开，就吞了瓶安眠药，昏昏沉沉中，她拨通了母亲的电话，等她醒来时，已经在医院里，一脸憔悴的母亲，正小心地把煲好的粥，一口一口喂进她的嘴里，她喊了声"妈妈"，泪水就忍不住流了下来。母亲抱着她说："孩子啊，以后不要再做什么傻事了，你出了什么事，可叫我怎么活！"

她这才知道，母亲是坐飞机过来的，一个从没有出过远门，连坐汽车都要晕车的人，千里迢迢来到这座陌生的城市，那份艰辛不是常人所能想象的。

母亲说："回去吧，找不到工作，我就养你。"拽着她的手，就像当年，她在街口，拽着她的手回家一样。

母亲在县城里找了间房子，父亲去外地煤矿了，母女俩一起住，母亲天天给她做饭，还是和当年一样难吃，可是她却莫名地喜欢上了，一天吃不到母亲做的饭，她心里就不舒服。

后来，她找了份在报社的工作。再后来，母亲就开始张罗着给她相亲，她也乐呵呵地去见，她知道，母亲是不可能害她的。

见了一个老实本分的男人后，母亲说，就是他了。她转过头，眼睛睁得大大的："为什么呢？"

母亲认真地说："因为，和你父亲像是一个模子里刻出来的，老实，踏实，安分。"她就拉着母亲的手，笑。

结婚那天，当着所有的人的面，母亲郑重地把她的手，放在他的手里："我就这么一个女儿，她任性，脾气也不好，你一定要好好待她，要不，我拼了老命，也会找你麻烦。"

她低着头听着，泪水却止不住地流。

4

父亲去世的那天晚上，父亲拿着她的手，颤抖地说："知道我为什么会这么宠着你母亲吗？她虽不漂亮，但却是天底下最善良的女人。当年，我父母双亡后，到处乞讨，是你母亲收留了我，就这样我便在她家住了下来。记得小时候，你刚生下来，她看见你脸上的雀斑，还特别兴奋地说你继承了她的全部，她的善良，她的大度……她人虽然是笨了点儿，可村里人哪个不说，你母亲有一副菩萨心肠啊。我知道，你以前对她有深深的芥蒂，可都是血肉相连，哪有解不开的结？我走了，你们要好好相依为命啊。"

她望着母亲，也不说话，把那又矮又丑又胖的女人抱了过来，双手紧紧地握在一起，她用这个有力的动作，向父亲承诺，不管是现在，还是将来，她们都会相依在一起，形影不离。只因，她是她唯一的母亲，她是她唯一的女儿。

★ **点 评**

本文构思精巧，故事情节的设置也十分引人入胜，在语言的描写上，句句深情，犹如一股暖流注入读者心间。

妈，请牵着我们的手回家

作家心语：全世界的母亲多么的相像！她们的心始终一样。每一位母亲都有一颗极为纯真的赤子之心。

母亲是怎么来到这个家的，有两种版本。父亲的说法是，那年他只身一人跑到深圳打工，刚下火车，行李就被人抢了，迫于无奈，父亲只好到处求人，可人们纷纷投来鄙视的目光，快到晚上时父亲突然听到一个轻轻的声音："大哥，我跟你很久了，饿了吧？"转头，父亲看见了一张羞涩的脸。父亲老实地点点头，女人便把他领进了一个小馆子。三个馒头，一碗冬瓜汤，父亲吃得却津津有味。经过交谈得知，女人所在的单位需要一名搬运工，父亲便跟着她去了。第二年父亲便把女人带回了家。二舅的说法是，父亲那年打工回来，在家门口遇到了一个迷路的女人，借路费，父亲见她可怜，便把身上的钱全给她了，谁知女人第二天又回来了，女人说她不想回去，来打工钱没赚到反把行李给丢了，很丢脸。女人问父亲能不能帮她介绍份工作，父亲答应了，女人便暂时在家里住下了。后来便成了父亲的妻子。

不管哪种说法正确，我们兄妹三人都是很讨厌母亲的，虽然我们都是母亲亲生的，我不知道这与我有没有关系。

1

听哥哥说，我生下来就体弱多病。一岁那年，还差点死在医院，当父亲抱着奄奄一息的我回家时，母亲就和父亲商量："把孩子扔了吧，家里本来就穷得揭不开锅了，还多一个累赘。"

六岁时我得知这个消息便再也没有理过母亲，不管她怎么样找我说话，我都保持沉默，除了恨，我还讨厌母亲身上的味道。那年，父亲和母亲承包了十亩鱼塘，母亲整天在外忙碌，又是往塘里灌粪，又是下水捕鱼，浑身上下都是又臭又腥的。孩子们远远看见，扭头就跑，只剩下一脸发呆的我，走也不是，等也不是。

我12岁的时候，去了二舅娘所在的学校念书。一次，我正和同学们玩耍，有个同学跑过来大声说："嘿，你家人来看你啦。在外面等你呢。"远远的，有个人在那儿招手，我的心一下子悬了起来，是母亲。我不想她来，我离家时多次嘱咐，不要来学校找我，我丢不起人。同学们凑过来，有个说："那个穿破衣服的丑女人是谁啊？你妈？""不是。"我立即否认。想了想，又补充："我家新来的一个用人。"我硬着头皮走过去，几个好事的同学跟着我。到了外面，母亲连忙递过来一个保温瓶："你爸让我捎过来的，是我亲手做的腊鱼、腊肉，你尝尝，也让你同学尝尝。想家了，就回去看看。"母亲说着时，身上飘来一阵又一阵难闻的味道，几个同学捏着鼻子，远远地议论着，看起来不像他家用人，倒像他妈。母亲听了，只是温柔地看了我一眼，然后一拐一拐地走了。

后来我才知道，邻居家失火了，母亲前去救火时，被塌下来的房梁压伤了腿。但这些并不能改变我对母亲的看法，在我心里，母亲是个罪人，我瞧不起她。

2

二姐读高三时，大哥在读大学，一家三口人都在要钱。这让本来就很拮据的家雪上加霜。而这个时候，父亲和母亲只好回到城里，包了个门面做生意。但生意并不太好，母亲很多时候都是闲得没事情做，后来在一个朋友指引下，母亲去剪辣椒蒂，一个一分钱，一天下来也有20多块的收入。

二姐每个月会回来一次，每次都是要钱。那时，母亲已经40岁了，看起来早已老态龙钟，二舅说都是操劳过度的原因。现在回想起来，确实如此。在我的记忆里，母亲每天白天在外面忙，晚上在家里忙，基本上都是11点才睡，第二天早晨5点多就起来了。再坚固的机器也会出问题，何况是人！

有次二姐回来后向父亲要100块钱。父亲一下子就火了："你要这么多钱干吗？"二姐说："班上要组织春游，我还没出过远门，想去看看。"父亲说："家里连买米的钱都是借的，哪有钱给你？"二姐也不知哪里来的胆子，大声顶撞说："没有钱买米，那你还抽什么烟？"父亲气得当场就给了一巴掌，二姐转头就跑，母亲想去追，父亲还在气头上："由她去吧！"

我知道抽烟是父亲唯一的嗜好，常常是半夜醒来，就看见父亲躺在床上，并有一股一股的香烟味浸润在夜色之中，那是父亲失眠了，靠吸烟来维持心里的平衡。

晚上，我正要睡觉，忽然听到他们在外面小声地说话。我爬起来，贴着门缝听。父亲说："钱借到了吗？"母亲说："借到了。"父亲叹了口气："柔柔，你不要骗我了，你又去卖血了吧？我早知道你会这样。都是我没能力……"母亲哭了："是我欠他们的，我没有尽到一个母亲的责任。""你没有欠他们什么？"父亲提高了声音，似乎怕影响我休息，马上又压低了声音："反而是他们欠了你太多。"父亲不说话了，一个劲儿抽着那劣质的香烟。好长一段时间后，父亲说："你明天把钱给女儿送过去吧。"母亲说："不了，上次去君儿学校，就让她很尴尬，还是你去吧，我们家女儿自尊心强，她丢不起这个人。"我躲在门后，什么也没有说，只是泪悄悄模糊了双眼。第二天早上，我很早就去找母亲，我说："把钱给我吧，我去给姐。"母亲既惊讶又兴奋，这么多年，我还从没有主动帮过她。母亲颤颤地把几张10块的人民币递给我，我想起这些钱上流淌的全是母亲的血时，终于忍不住号啕大哭，我说：

"妈，我知道错了，请你原谅我。"母亲显得比我更激动，从六岁到十五岁这九年里，这是我第一次喊妈。母亲紧紧把我抱在怀里，哭成了一团。

二姐到了北京的一所高校念大学，大一寒假时，她告诉父亲，要他第二天凌晨5点来车站接她。那天晚上，母亲显得最激动。凌晨3点的时候，母亲就早早起床了。我和母亲匆匆吃了早饭，就往外面赶。正下着雪，我才走了两步，脸就被冻红了，母亲说："孩子，我把围巾给你。"母亲说着就要解。望着母亲那花白的头发，瘦弱的身体，我说："我不冷。"到了火车站，等了半个小时，火车就来了。二姐走下火车，看见母亲和我，意外地怔住了。母亲跑上来，连忙把外套给二姐披上："外头冷，别冻坏了。"又把围巾给二姐围上。母亲说："饿了吧？我给你做了你最喜欢吃的煲仔饭。"我把保温瓶取出来，人家找了个地方坐下来。二姐一边吃，母亲一边唠叨，母亲说："家里人都还挺好的，就是你外公得了风湿，走路有些不便。这一年还不错，你爸改做批发生意，赚了不少，你哥也经常寄钱过来，你在学校该花的就花，不要心疼。"母亲还说："回了家就好好休息，要吃什么尽管说……"母亲也许太兴奋了，只顾着说，全然没有注意二姐的眼泪一滴一滴地掉在饭里。

3

在我们三兄妹中，最有出息的就是大哥了。他研究生毕业后，回到当地的一家外企做了个主任。大哥很忙，基本上半年都难得回家一趟。有一次，他回家说："爸，装个电话吧，有什么事情也好联系。"

母亲笑了，不说什么，从里屋拿出一双鞋子来，说："我给你做的，你看看合脚不？我知道你钱多，可这毕竟是我的一片心意。"那个时候，母亲迷上了针线活儿，每天晚上就在房间里忙碌着。这么多年，母亲一直都不愿意闲下来，仿佛忙就是她生命的一切。

大哥把鞋穿上，刚好合脚。出门的时候，大哥突然说："妈，事情都过去那么多年了，你就不要放在心上了。这些年，你为这个家所操的心，所受的苦，大家心里都清楚。"母亲没有说话，却迅速背过身，手在脸上抹了一下，又一下。我在房间里看着母亲，我知道母亲这么多年来等的就是这句话，这十几年来，她一直都觉得自己有愧于我们，其实要说亏欠，亏欠的应该是我们。

但奇怪的是，电话装好之后，大哥从没接到家里打过来的任何电话，有的只是偶尔一个骚扰。父亲后来告诉我，那是母亲实在想他了，但又舍不得让他花钱。因为大哥的卡是神州行的，接和打都是六毛钱。母亲一聊起来，没有半个小时她是舍不得挂的，所以她只好忍着。后来我和二姐都参加工作后，也会经常接到母亲打来的骚扰电话，这似乎成为了我家独有的一种现象。

有次大哥出差回来，刚到公司就听见值班人员告诉母亲在办公室等他。一见面母亲就抢着说："怎么你的手机停机了，我放心不下，就过来看看你。"大哥这才想起没有去充话费。后来，我们兄妹三人都不敢让自己的手机欠费，而且24小时开机，为的就是等母亲一声独特的问候。

有几天时间，母亲突然没有骚扰我们了。我急了，问大哥二姐，他们也说没有收到。打回家也没有人接，我立刻请了假，风尘仆仆地赶回家，才知道母亲病了。

母亲躺在医院里，我们三人就趴在母亲的病榻上，四双手紧紧地握着。父亲说："你妈就是太操劳了，落下很多的病，什么高血压、脑动脉硬化都来欺负她。"母亲笑了："我不操劳，谁来养活我呀。"大哥急了："不是还有我们嘛。"接着我们兄妹三人就商量，不管有多忙，一周都必须回家一趟。当然我们还有个约定，那就是等母亲出院了，让她牵着我们的手回家！

★ 点 评

　　小说的布局重要，情感的流露也很重要。本文最出彩之处在于情感的释放十分自然，一点儿也不矫揉造作，能让读者感受到作者是在用情感写作。

让孩子学会慢一拍

作家心语：让孩子在处理自己的事情中慢慢长大，多提醒，多建议，让他学会慢一拍。

我决定还是带孩子回老家。每次只要回去，刁蛮任性的儿子就会立即安静下来，他说，他回去了，在同龄人面前，就是老大了，他不能给自己丢脸，儿子说这话，正合我意。

因为忙着和多年不见的老朋友见面，我白天都没时间管他，直到晚上，才有时间和他交流。第一天晚上，他突然神神秘秘地告诉我，他要和一群朋友去探险。在老家的后山，有个很深的窑洞，多年都没有人去过了，他们对那里充满了好奇。我一听，感觉教育孩子的机会来了，我便耐心地说："去探险是好事，可是你得把什么都要考虑进去，比如所需的工具，比如出现意外了，该如何处理，孩子，做事不能头脑发热，要学会冷静处理。"

儿子听了，先是愣了一下，然后说："那我再考虑考虑。"

第二天早上，天刚蒙蒙亮，儿子就敲开我的门说："爸，我想清楚了，探险还是不去了，我们改去公园拾垃圾，既有意义，又锻炼了自己，一举两得。"我开心地拍了拍儿子的肩膀。

第二天晚上8点，儿子才大汗淋漓地回来，看着他通红的脸蛋，我知道这招棋算是下对了。

之后的日子，儿子只要有什么想法，我在支持他的同时，也都善意地提醒他要把所有的细节都考虑进去。一段时间后，我发现，儿子的表现越来越好，不仅学习成绩上去了，当上了班长，他还经常组织同学开展丰富多彩的活动。更重要的是，孩子已经改正了自以为是的毛病。

让孩子在处理自己的事情中慢慢长大，多提醒，多建议，让他学会慢一拍，不仅能矫正蛮横、急躁的坏习惯，同时还能让孩子成为一个有耐心、稳重和冷静的好孩子。

点 评

本文短而精，题目很吸引人，因为许多家长都恨不得自己的孩子比别的孩子快几拍，但是作者却提出"让孩子学会慢一拍"这样一个观点，非常有新意。

风景在远方

作家心语：我们还年轻，我们都得好好奋斗。

那一年，高考失利后，我选择了复读，由于心情低落，再加上受班上同学的蛊惑，我学会了抽烟和喝酒，我们经常会翻越围墙，到外面小摊上吃夜宵。虽然学校规矩多，但对我们形同虚设。

那一天晚上，我们相约一起去市中心广场看晚会，晚会结束后，又去吃了夜宵，等走到围墙边已经是晚上12点了，我们蹑手蹑脚地爬过围墙，正要往寝室走，忽然一束灯光，照了过来。

是校长。同学们见状，顿作鸟兽散，我也想跑，但手电的光芒一直锁定在我的身上，让我进退两难。只好立定，校长大汗淋漓地跑过来，说："你这是从哪里来啊？"我赶紧捂住嘴，怕满嘴的酒气被他闻到，更怕他把事情告诉我父亲，那样后果将不堪设想，不仅读不成书，还会受到他们的歧视。

我只好压低声音说："我回家了。"校长往前走了两步说："回家可以正正当当地请假，又何必偷偷摸摸爬围墙呢？是不是还有隐情在里面？"我愣了一下，连忙说："没呢，今天是我爸生日，他十年都没回家了，所以我就偷偷溜回去看看。"校长笑了，说："以后不要这样做了，要是真想让你爸爸高兴，你就考个好大学给他看看。"

我说："谢谢校长，我一定会努力的。"

正想离开，校长忽然说要带我去他家，来到他家，校长便说："张开你的嘴。"闻了闻，他又说："酒的档次还不错啊。"他连忙给我倒茶，又用热毛巾帮我敷脸，就像一个父亲对子女那么温柔。我的心不由得酸了。

校长把我带到窗边说："孩子，从这里你能看得到体育馆吗？"我摇摇头，校长又把带到顶楼，然后说："那么，现在呢？"我不假思索地点头说："是的，我看到了，好美的体育馆。"校长拍拍我的肩膀说："人生就好比攀登，因为在低处，所以你看不到远方的风景，所以你只有努力，不遗余力地去努力，让自己站得更高。孩子，我想告诉你，一次失利不要紧，最关键的我们能调整心情，继续奋斗。"

从校长家出来后，我把寝室里偷偷藏起来的烟酒扔进了垃圾桶，我认认真真地复习，不再逃课，不再酗酒，把一切杂念都抛诸脑后，第二年我考上了自己理想的大学，之后是硕士，博士……

每一年寒假，我都会去看校长，校长总笑着说："那次没白教育你啊，但是，孩子，你还年轻，你得好好奋斗。"

是的，风景在远方，而我永远在攀登的路上。

★ 点 评

一时的迷茫挡不了前行的路，风景在远方。一个简单的道理，一个平凡普通的故事，但是读起来却能够深入人心，原因就在于真情实感的流露，以情动人，是写温情散文必须要做到的一点。

和父母一起慢慢变老

> **作家心语：** 陪父母一起慢慢玩到老，这是世上最美丽的
> 幸福。

父母老了。

每次回家，父母总会早早地在路边等待，然后争相提着我的行李。看着母亲花白的头发，父亲因岁月挤压而凸显的驼背，我不由得一阵心酸，父母是真的老了，且逐渐地远去……我轻声喊妈，母亲一脸微笑地转过头来说："你上次带过去的干菜吃完没？还好吃吧？这次，我又给你做了一些，还有你喜欢的腊肉，我也给你做了些，还有米酒……"我全然答应了，母亲的眼神里，全是满足。

到了家，母亲开始张罗着做饭，父亲就坐在旁边和我闲扯，都是村里边一些支离破碎的事情，父亲却说得意犹未尽，末了，父亲开始叮嘱起来，比如用电要注意安全，晚上不要睡得太晚。虽然明知我会因为工作的事而忙得不可开交，但我还是把头点得像拨浪鼓似的，父亲便满意地离开了。

晚饭后，我开始把自己准备好的礼物拿出来，漂亮的衣服是给母亲的，洒脱的书帖作品是给父亲的。这个时候，父母便忙开了，一个试衣服，一个在书房里把书帖摊开，认真临摹起来。我则穿梭于两位老人之间，不一会儿，父亲的作品就出来了，他把还沁满书香的作品挂起，我和母亲则认真地点评起来，意见一致时，彼此相视微笑……

等到我再度起程的时候，父亲便问："怎么回家这几天都不出去玩一下？"我说："我就是回家玩的啊，不过我不是陪别人玩，我是专程陪你们玩的。"

是的，当父母年轻力壮时，他们像大山一样，庇护着我们，而如今他们年华已去，我们却以各种理由疏远着他们，让他们独守空房，品味着岁月无奈的煎熬。所以，不管我们如何忙碌，老家，始终应该是我们无法逃避的港湾，那么，就多抽点时间回去看看，不是简单地去陪他们，而是找他们玩，下下棋，吃吃饭，聊聊天，就像我们对待自己的朋友一般去对待父母。

陪父母一起慢慢玩到老，这是世上最美丽的幸福。

★ 点 评

没有大道理，只有小故事。本文语言朴实，结构严谨，文末只用一句话来点题，简单明了，给人以干练直爽的感觉。

一根人生的拐杖

　　作家心语：遇到挫折，我们只有一种选择，要么倒下，要么朝前走。

　　小时候，因为家里穷，我直到七岁才进入一年级学习，什么都不会，什么都要问，成绩在班上多次排名倒数第二。

　　父母最担心我会留级，不止一次说如果我没及格，就和他们一起种田去。我是最怕父母说这句话的，为了长大后能跳出农门，我起得比别人早，睡得比别人晚，这一切只为了一件事，好好读书。在我的努力下，我的成绩慢慢上升，上中学后，我次次都能拿到全校第一名，就在我以为自己的人生道路会一帆风顺地走下去时，灾难发生了。

　　家乡发生了百年不遇的泥石流。因为父母都在外地打工，幸运地躲过了一劫，但我来不及跑出去，被轰然倒下的房屋压断了右腿。

　　在医院里躺了一个月，我也哭了一个月，我觉得生命都没有了意义，甚至想到了放弃。母亲也陪着我哭泣，父亲却买来一根拐杖，然后一字一句地说："从明天起，你必须自己照顾自己。"我不理解父亲为何对我如此苛刻，但我知道，他是一个说得出做得到的人。

　　在此后的无数个夜晚里，每次上厕所或者洗澡，我都是自己挂着拐杖去，移腿，锥心般地疼，但我只能忍着，即使疼得额头全是汗，我也不叫出来，我怕父亲嘲笑我无用。母亲几次都想过来背我，都被父亲拦住了，父亲呵斥她：

"你能顾着他一天，你能顾着他一辈子吗？"

此时，离中考只有一个月的时间，也就是从那个时候起，我决定好好复习，我不能让父亲小看我。

考虑到我的实际情况，中考考场里，我是唯一一个有车接送的特殊考生。那一年，我也以全市第一的成绩，考入了一所师范学校，其实当时我还有一种选择，去读高中。但几个月的治疗，家里已经债台高筑，我希望能早点出来工作，为父母排忧解难。

在学校里，除了读书，我还参加了几个社团，我成了小有名气的校园红人。当然，一年后，我也放下了拐杖，能自由而快乐地行走。

中专毕业后，我进了家乡的一所小学教书，刚开始我什么都不会，但是我告诉自己，要坚强，要努力，后来，我所带的班几乎年年都拿到了全镇第一。

等自己有了一定的经济基础后，我觉得自己知识非常欠缺，便决定考研。再次走在大学的校园里，我一边认真读书，一边写文章。因为坚持，三年里，我的文章像雪花一样飞向了全国，我也用自己的稿费给自己买了笔记本，买了照相机。

不久后，凭着我的能力，我应聘到一所大学教书。前些天，我给父亲发短信，告诉他，我的书出版了。我知道父亲看了，一定会很开心。

到现在，我还珍藏着那根拐杖。我永远记得父亲在我摔倒时，给我说的一句话："你是一个没有背景的孩子，遇到挫折，你只有一种选择，要么倒下，要么朝前走……"

是的，我会一直勇敢地走下去。

★ 点 评

作者的文字，很清新，也很自然，时而感人至深，时而又发人深省。开头直接叙事，不拖沓，不矫揉先造作，结尾一句话点题，简洁干练。

用一生一世来爱你

> **作家心语：**没有无私的、自我牺牲的母爱的帮助，孩子的心灵将是一片荒漠。

1

远在浙江工作的姐姐打电话，说爷爷去世了，妈让我们回家一趟。姐把我们这个词说得很重，我已经五年没回家了。

远远地，就看见我家的烟囱扬着青烟，房子还是儿时的房子，妈不再是儿时的妈了。她老了，佝偻着身子，爬满皱纹的脸在夕阳下闪着铜光。姐姐心疼地扶着她，妈想来牵我的手，我闪开了。从高二开始，我就没再理她。

不知是谁报的信，二婶、三舅都风风火火地赶来了。吃饭的时候，姐姐一个劲儿地给妈喂菜，我却筷子都没动一下，妈问我："军娃子，怎么不吃饭？"还是老调子，一如五年前的她。

姐姐看了看我，替我打圆场："也许是坐车坐累了。弟弟，要睡觉也先吃完饭。"我开始给他们夹菜，轮到给妈时，我的手却停在了半空中，她的眼睛顿时明亮起来，那种期待的神情，每个人都可以读出来。我低着头，咬着牙，筷子落下了。

她笑着说："我的儿子终于长大，懂事了。"

姐姐长长舒了口气。也许她认为，我和妈之间的那个死结终于可以化解了。只是妈，我对你的恨意，并没有因为岁月的增长而削弱。

2

自从她来到我家，这十多年来，她对我们极尽呵护。邻里乡亲说她是一个孝顺的媳妇，慈爱的母亲。1997年，叔叔把奶奶的房子拆了，说是建成后给她一间，1998年，婶子就把奶奶赶了出来。她去找大伯，大伯躲起来，最后还是妈收留了她，给她在屋边搭了个平房。那时，她才来我家五年。

2000年，我外婆不幸瘫痪在床，狠心的大舅妈把她扔在了雨里，那时二舅一家都在上海，还是她把外婆背来的。两个老人居于一室，她又要照顾老的，又要带着小的，可她从没有埋怨过。似乎这一切，都是她的分内事。

每天早上4点多，她就起了床，给我们做早饭。中午还给我们送饭。对我们来说，她对我们的爱护丝毫不逊于亲生母亲。姐姐有次替父亲带货，货在公交上被人搬走了，她不打，也不骂，反而劝姐想开些。我是男生，也调皮，在学校惹了祸，班主任喊她去，回来她从不摆凶样，但有一次例外。

然而就是那一次，把我和她彻底推到了仇恨的中央。因为年少无知的孩子，总喜欢用自己的价值观来衡量成人。比如我。

3

1998年，也就是她来到我家的第六年，我读高二，那是夏天，班主任知道我和丽儿的事后，把双方家长都叫了过来。

那晚，我带着醉意回了家，才发现自己房间里一片凌乱，到处是散落的我给丽儿的情书。她就在窗口，脸色铁青。我气坏了："你为什么偷看我的信？你知不知道那是我的隐私？"她火一下子就上来了："什么隐私！我看你是读书读糊涂了，你姐姐没考上，全家的希望就寄托在你的身上，你对得住你爸爸，对得住你死去的娘吗？"我不管她，去捡起那些散落的情书，她忽地冲上来把我手上的纸撕得粉碎，然后，扬手就是两个耳光。

我顿时觉得耳朵嗡嗡作响，她也呆在那儿。

也许是打得太重了，我哭着跑出去，邻居看到我脸上那道鲜明的印记都来求情："虽说他有错，可毕竟是个孩子啊，哪儿禁得起这样打。"

4

我出走了，我不知道是怎样回来的，当我醒来时，已经在病床上了。医生说我身体很虚弱，需要好好补一补。她也不知道从哪里弄来一只十多年的老母鸡，给我炖鸡汤，但我当着很多人的面，把那个碗给摔了，因为姐已告诉我，她去了丽儿她家，我出走的第二天，丽儿就搬了家。我不知道她跟丽儿说了什么，但肯定不是什么好事，是她拆散了我和丽儿，我恨她！

出走事件弄得邻居对她很有怨言，流言蜚语漫天飞："毕竟不是自己的亲娘，才下得这样的狠手。"以前每逢周末，总是有不少人串门，从那以后，就再没有人来了。但她依旧还是那么乐观，也许她的人生字典里，就根本没有悲观这个词，她依旧早早起来，给我们做早饭，只是，我再没和她说过话。

有一天，学校开教师会，提前放学，我回到家中，看到她静静地坐在我房间里，手里捧着我的相片，一脸的泪水。

她说："你出走的那一周里，我每一天都坐在你的床上哭，你爸爸也不理我，真让人难受。"

其实，很早之前，我和丽儿就商定，先把感情放下，好好学习，读大学后再续前缘。

读大学的这五年，我都没回家，她总是想方设法从姐姐那儿打探我的消息。不知什么时候，姐和她亲密起来，她很高兴，甚至一度还当起了姐的爱情参谋。

现在想想，这几年其实她也过得挺苦，丈夫对她的冷谈，儿子对她的恨意，她背着沉重的压力，尽心尽力地照顾着这个家，她一个人艰难地走着，她却无怨无悔。真难为她了。

5

我放下筷子，她望着我，目光如水。

晚上，我发高烧，一直说胡话。她吓坏了，紧紧抱着我的头，嘴里不停地重复着："军子，我的好儿子，不要怕，有我在，你一定没事，没事的。"她边说边哭，她也六神无主了。

医生说幸亏送得及时，要不我就没命了。

想起前几天，我还在帮朋友在水田里收割稻子，医生说这就是得病的症结。可我依然被这个诊断结果吓住了。她微笑着给我拉了拉被窝："军子，看开些，不就是一场病，只要你不怕，病反而会怕你。"

这个时候，她还有闲情开玩笑，我对她没辙了。她帮我把输液瓶调慢了些，然后说："我去去就来，要听话，乖哦。"

望着她离去的背影，忽然想起高考那年体检，医院里说我有乙肝，可她不信。周六，她带我去了家大医院复诊，因为去得迟了，复诊结果要到下午6点才出，她就让我回了，一个人坐在椅子上，这一等就是八小时。还有许许多多类似的故事，我才恍然明白，原来她对我们的爱，已深入了骨髓，虽然她从没说过爱我们，但那些尽善尽美的关怀和呵护，一直陪着我们，安安静静。

她给我端来一碗热腾腾的莲子汤，边喂我边说："你都五年没吃过我做的东西了，这是你最喜欢的，挺怀念过去的时间吧。"汤很香，喂了一口，太烫，我喷得她一身都是。她没去擦，也许对她来说，还有更重要的事情做，她用力地吹着，我明显听到了她沉重的气喘声。

她出去后，我想吃一个香蕉，就在桌子上，手却够不着，我努力地侧过身，一个不慎，从床上滚了下来，我顿觉眼前一黑。她从卫生间冲了过来，把我抱在床上："娘这辈子最大的遗憾，就是晚了几年，没能照顾好你，现在终于有机会了。"

她剥去香蕉皮，一截一截地喂给我吃。

在医院的一个月，她坚持一个人照顾我，爸爸和姐姐拗不过，只好作罢。这一个月里，来探望我的亲朋好友都说："你娘，对你的疼爱，我们都没什么好说的了。"言语间，一片羡慕。

我说："哪有娘不疼孩子的，世上也只有这种爱，才不求回报啊。"

6

可我毕竟是个男人。出院的前二周，我不再用尿盘了，我坚持要去厕所。我试着想站起来，可身体太虚弱，挣扎了几步，我吃不消了，她马上过来："军子，妈背你去。"我瞥了她一眼，我说："你还是扶着我吧。"

她笑了："你读初中那几年，妈妈可没少背你，怎么现在翅膀长硬了，就不要妈妈了。"

我不再坚持，她麻利地背起我，就往前走。我这一百二十斤的身躯又岂能是她瘦弱的身躯可以支撑的。她明显力不从心，一步一步都那么缓慢，好几次我都要她放我下来，她不肯。

从小我就知道她有这么一股不服输的气概。也就是这么一个瘦弱的身体，背起了她家里的所有人的反对，撑起了爸爸的这个家，背起了爷爷的去世，外公的病危，而如今又背起了得病的我。

望着她满头的白发，我忽然热泪盈眶。她才五十岁啊，可是看起来已老态龙钟，是什么夺走了她青春的岁月？是我。是我们这些人给她的无形压力啊。

我对不起她，可是她，依然对我们爱得无怨无悔，扪心自问，如果不是有大智若愚的爱，谁能驱使一个瘦弱的身躯背起一个大男人进男厕呢？

她把我放下来，转过身，才发现我一脸泪水，她笑了："傻孩子，不就是背了你几步，用得着这么感动吗？"

可是娘啊，您是背起了我这一生啊！我用手背替她擦着汗，擦着擦着，忍不住大喊一声："妈！"将她紧紧抱住。

7

出院后不久，我回到了工作岗位，利用一个周末，我把爸、妈都接了过来。他们为我们操劳了大半辈子，是该享福的时候了。

这五年来，我对她的亏欠太多，也太重。我们只能用一生一世的爱，来慢慢偿还。

★ **点 评**

小说，来源于生活又高于生活，作者描写的这些故事情节，在我们的日常生活中或许也会遇到，只是我们未曾去关注，未曾将其记于心底。本文最大的亮点就在于能引起读者的共鸣，即读者在读本小说时可以反省一下自己是否对自己的母亲也有所亏欠。

父亲，我是你心中永远的痛

作家心语：父兮生我，母兮鞠我，拊我畜我，长我育我，顾我复我。——《诗经》。

自我记事时起，就一直没有见过母亲。据说，她是厌倦了小山沟里的穷日子，一个人悄悄地走了，连声招呼也没打。父亲却从没责怪过母亲，他常在酒后感叹："儿啊，都是我不好，我没钱给你妈治病，她才撇下咱们走的。"

那几年的日子糟透了。家里除了我之外，还有一个弟弟和妹妹。父亲为了凑齐我们的学费，起早贪黑地到处打零工，舍不得吃，舍不得穿，头上的白发越添越多。

初三毕业那年，我和比我小一岁的弟弟同时考上了省重点高中，可家里的经济情况只能供一个人继续上学，那意味着我和弟弟必须有一个人辍学。所以当我和弟弟同时把录取通知书拿回家时，父亲只是略微瞟了一眼，脸上没有丝毫的激动。

晚饭后，父亲把我叫到厨房里，什么话也没说，只是长长地叹着气。我知道我落选了，从父亲冷漠的表情里，我读到了什么叫作"残酷"。我恨他把我从通向大学的路上推了下来，我心里叫喊着："为什么是我？"可我没吭声，也没反抗。我只是流着眼泪，掏出通知书，撕了个粉碎，任那飞舞的碎片在他面前七零八落。我擦了擦眼睛，走回房间。

弟弟迎上来想说些什么，却被我轻轻推开。我钻进被窝，把自己罩得严严实实。我再次流泪了，我觉得自己已被父亲遗弃了，我是个没有了爱的孩子，我痛恨我的父亲，痛恨他无情的选择。

第二天，我离开了家，一个人到了另一个城市。我开始到处捡破烂，饿了，就捡人家丢弃的食物，累了，就蜷着身子在墙角眯一阵。就这样过了一个月，手头上稍有些钱了，我便开始进一些报纸在火车站兜售。我被人打过、被人抢过，但我依然坚持着。

整整三年的时间里，我只回去过两次，默默地把攒的一些钱交到父亲手里，然后转身就走。父亲想留我吃顿饭，但他分明知道，我心里对他只有恨意。所以我每次回来，他总是默默地跟在后头，吸着低劣的纸烟，剧烈地咳嗽着。然而一切都唤不回我对他的任何依恋。我只是想，多年前，父亲便把我遗弃了，我已经成了一个被抽空血液的躯壳，没有了爱，也没有了灵魂。

我经常会做梦，但结局总是我还沉浸在甜蜜里，就被一把冰凉的眼泪惊醒。其实，我并不嫉妒弟弟，我之所以忍受这么多的苦，就是想让弟弟、妹妹都能考上大学，圆我这辈子都无法实现的大学梦。

很快，弟弟被中南大学录取，妹妹也考上了一所重点高中。家里的钱也越发紧巴了。于是，我便到长沙打工。凭我这几年的打工经历，我顺利地找到一个摊位，做起了买卖旧书的生意，利润很大，生意也红火。

在长沙混得久了，朋友也多了起来。不久我放弃了摆旧书摊，和朋友做起了跑运输的业务。由于我们重信誉，生意逐渐做大。有了钱，不愁温饱了，没有上大学的疼痛越来越强烈，我对父亲的恨也愈来愈重。那是一种刻骨铭心、撕心裂肺的痛。

父亲也来看过我一次，他是走着来的，赶了一百千米路，找到我们公司，还为我带来了一双棉鞋和一些腊鱼、腊肉。父亲一边喘着粗气，一边说："儿啊……"但我不等他说完，便冷冷地打断他："我不需要这些，你以后不用再来看我。"看见父亲滴着眼泪默默地走了，我心里涌起一丝莫名的伤感。

　　弟弟也常来看我，每次我都会拿出一沓钱给他，而他只是从中取一两张，就说够了。每次离开时，他都说："爸让我转告你，其实他很想你，希望你有空回去。"但我对自己说：在我的字典里，早就没有了"父亲"这个词，永远也不会再有。

　　六年后，我们的业务越做越大，在全国很多地方都建立了连锁，我也有了自己的房和车。而弟弟做了一家外资企业的驻华经理，妹妹也在一所高中学校里教书。听妹妹说，每次过年，父亲都替我留了一个位置、一副碗筷，然后说着一些莫名其妙的话，说到最后就伤心地哭。

　　听到这儿，我转过了身，脸上有湿湿的东西在滚动。

　　一天，妹妹突然跑来，一脸沉重。我问："有啥事就说，等会儿我还要去澳门签合同呢。"妹妹说："爸快不行了，想见你最后一面。"我心里猛地一颤，却还是犹豫。以前的伤痛让我此时不知如何面对他，确切地说，是没有勇气面对并痛悔曾经和他对峙的种种。

　　妹妹看了我一眼，继续说："我也是前几天才听隔壁的四公公说的，其实我和二哥都是父亲领养的，你才是他的亲生儿子啊。我和二哥出生后不久，家乡发了洪水，结果我们的亲生父母被大水冲走了……爸过来救人的时候，在漂流的澡盆里发现了我们……"

　　我像是被雷电击中一般，整个世界都在我眼前翻转，儿时的记忆一幕幕在我眼前闪过……父亲并没有把我遗弃，自始至终也没有。当面临艰难抉择时，他想到的不是自己的儿子，而是别人的孩子！这是多么崇高而浩荡的父爱！而我呢，任凭自己的无知一次又一次地把父亲推向绝望，更把自己推向了爱的悬崖。

　　我立即取消了去澳门的航程，和妹妹匆匆往家赶。我在心底不停地祷告，祷告上天能多给父亲一点儿时间，好让我能在他宽阔的胸怀里，一诉我的忏悔。可是，终究还是晚了。我赶回的时候，父亲已永远地闭上了他沉重的双眼。

我跪在他冰冷的身旁，一遍又一遍地磕着头，一声又一声地呼唤："爸！爸……儿不孝……你醒醒……儿回来啦……儿来晚了……"

任凭我如何呼唤，父亲也不会再醒 。他永远地离开了他眷恋的这个世界，离开了他久久眷恋的亲情，离开了他决绝而迟悟的亲生儿子。

当我终于读懂了父亲，我却不再有福气享受那份隐藏至深的爱，哪怕是见上他老人家最后一面。父亲！儿子是你带着遗憾离去的心中永远的痛。

★ 点 评

痛，读罢本文，有一种心痛的感觉，本文的成功点就在于此，能带给读者深刻的感受，能让读者真切地感受到自己在行文中流露出的感情。

父亲的草帽

作家心语：拥有思想的瞬间，是幸福的；拥有感受的快意，是幸福的；拥有父爱也是幸福的。

在我的橱柜里的最上面，摆放着一顶草帽，上面粘满了我和父亲的大头贴。每一天回家，我都会习惯性地打开橱柜，我曾不止一次充满感恩地回忆父亲戴着草帽的情景。

我们住在城市的贫民窟里，父亲在建筑工地打工，靠卖体力赚点生活费，从没出过远门，他这辈子最大的希望就是让我们能出外边闯闯。哥哥高三那年没考上大学，辍学去了广州，读初中的我便成了父母心中最大的目标和希望。

1998年，我顺利考取了湖南师范大学，成为我们村第一个考取名牌大学的人，父母乐坏了，可没过几天，他们就为巨额的学费犯愁了。望着家徒四壁的房子，我第一次留下悔恨的眼泪，如果我不考那么多分，他们也就不会如此着急了。我说："我不读了，我要像哥哥一样去挣钱养你们。"父亲火了："你哥哥，你哥哥就是因为书读得少，在外面连自己都养活不了，学他那样，那你就一辈子都没出息了。"我沉默了。

晚上吃饭时，母亲特意炒了一个青椒肉丝，这还是母亲去求肉店老板好多次才赊到的，母亲夹了一块给我，她郑重地对我说："孩子，安心读你的书，不要担心。就算卖了这房子，我也要供你读完大学。"

话是这么说，可借起钱来，就头疼了，那阵子，父亲天天在外面奔波，跑遍了所有的亲戚好友，求遍了能求的朋友，离我的学费还差一段距离，最后，父亲一咬牙，以3分的利息借了1000多元。

俗话说，穷人的孩子早当家。我更是恨不得把一分钱掰成两分来用。为了省钱，我早上用开水泡从家里带来的黄米粉，中午和晚上买两个饼或者馒头，再泡杯开水就算了事，一月到头，我才吃一顿肉。我还在勤工部找了份清洁的活，即便如此，还是觉得钱不够用。

大三后，班上很多同学都开始谈恋爱，我成了寝室里唯一的单身，他们想给我介绍，被我拒绝了，我连自己都养不活，还有什么资格去涉足爱情呢？1999年12月6日，我刚准备起身，从腹部传来的一阵剧痛立刻让我昏厥过去。当我醒来时，人已经躺在医院了，医生说我是急性阑尾炎，需要立即动手术，否则有生命危险。赶来的班主任二话不说，帮我垫付了医药费。

手术后的第三天，同学告诉我："你父亲来了，正在班主任那儿呢？"我心一惊，心想父亲怎么知道这事了，我原本是想瞒着的，我不希望他们再为我担忧。隔了一会儿，一个戴着草帽的人敲门进来了，是父亲。

我挣扎着想爬起来，被父亲喊住了："你们学校真大，要不是有同学带路，我真迷了路。怎么样，好些了吧？"

我点点头，父亲在床边坐下，脱下草帽，我看见他的头发白了一片。

"好了，好多了。您怎么来了？"我问。

"要不是你班主任告诉我，我们还不知道呢。"父亲有些责怪，"孩子，以后有事情不要瞒我们了，有什么苦难，我们四个人一起去承担，毕竟，我们都是一家人啊。"

我忽然想起父亲的那句口头禅：咱家虽穷，可也要穷得有志气。我点点头，父亲又仔细打量了我一番，微笑着说："真好了，那我就放心了，这里还有些钱，你拿着用。"说着，父亲从内裤兜里摸出一个塑料袋，父亲打开袋子，里面有一沓钱。父亲仔细数了数，一共是615元。"600块，你拿着。"

600？我不由得一愣："再加上医药费，哪来的这么多钱？"

父亲干咳了一声："还不是东凑凑，西借借。唉！孩子，钱来之不易，要省着花。" 父亲把600块钱放在我的手里，又看了看，把最后的15元也放在我手上。

我惊讶地问："爸，都给我了，你回去怎么办？"

"我这腿扎实着呢。"

我捧着这带着父亲体温的钱，含着泪点了点头："爸，你放心吧。"

父亲简单地在外面买了一个馒头，然后进来跟我告别，刚走去门，他又转头说："孩子，回家贵，寒假要是没什么特别的事，就，就不用回来了。我和你妈都好着呢。"

我心头一震，默默地点了点头。

转眼，寒假来临，我想起父亲的嘱托，一个人留在寝室看书，这一切都被班主任看在眼里，有一天晚上他喊我到他家吃饭。吃了饭，班主任郑重地掏出50块钱给我："孩子，上次你爸爸给钱时，多给了50块，你拿着做路费，逢年过节的，怎么能不回去呢？"

我含着眼泪收下了，当天就买了回县城的票。

夜色降临时，我走到家门口，本来想给他们一个惊喜，推开门，我傻了。

里面摆着各种各样的高档家电。"这是我的家吗？"我揉揉眼睛，不敢相信这眼前的一切，一个小女孩走了过来："你找谁啊？"

"这是我的家，你怎么在这儿？我爸爸妈妈呢？"我放下书包，疑惑地问。

从厨房里走出一对中年男女，上上下下打量了我一番，男的说："你应该是老王的儿子吧，你这房子，你爸爸早卖给我了，他没跟你说吗？"

只感觉脑袋嗡的一声，我差点栽倒在地上，我问："什么时候的事情？"

"大概三个月前。"男人想了想，说，"你那次得病，你爸爸没钱，只好把这房子卖了。"男人笑了笑："这房子虽然破了点，但住起来，舒服。"

"他们在哪儿？"我咬着牙，尽量控制着眼里的泪水。

"就在人民路三号的工地上，快去找他们吧。"

我强忍着泪，直往外面跑，当时我脑子里只有一个想法，我是个不孝的儿子，连唯一的窝也因为我被迫卖了，我心里深深自责着。

也不知道跑了多久，我看见一处围墙包围着的空地上树立着几个帐篷。跑近时，第一个帐篷里传来父亲的声音。掀起门帘，父亲戴着草帽站在梯子上补顶棚，母亲在一旁做饭。

"爸！妈！"我走过去，泪水不争气地流下来。他们先是一愣，半晌后，母亲叹了口气，说："我知道你会回来的，回来了就好，这个家虽然简陋了点，但至少还可以住。"

"我去买斤肉，再打2两酒来，好久没喝过了，今天得好好痛饮一番。"父亲脱下草帽，我看见他的头发白了一大片。

那一天，父亲跟我唠叨了一晚，到最后，他竟然醉了，母亲和我把他扶进去，母亲说："你爸爸这几年过得实在太苦了，长大了记得好好孝顺他。"

我含着眼泪点点头。

刚过元宵，父亲便催着我早回学校，送行的时候，父亲从内裤袋里摸出塑料袋，也没看，就塞在我的手里。我说："上次那钱，我还没用完，这些，你们留着，都操劳了一辈子，多买点肉补补身体。"

父亲火了："叫你拿就拿。省城不像我们小县城，哪个地方不需要用钱？"父亲叹了口气，继续说："你也老大不小了，如果有合适的，就找一个，钱该用的时候就用，我和你妈妈，在这里还能赚些钱，你不用担心，做好你该做的事情就行了。"

我的眼泪一下淌了下来，点着头接过了钱："爸，你多保重，我走了。"

回到学校，我找了两份家教，虽然累点，但我过得很充实，大学毕业后，我谢绝了好几个名牌企业的邀请，回到了生我养我的家乡，做了一名记者。

　　那年父亲生日，母亲想让我给父亲买顶新草帽，可父亲不肯，他说："这帽子，都戴了十多年了，早戴出感情了，舍不得扔。"

　　如今，哥哥也回到了家乡，办起了厂子，父母便到他那儿帮忙，我也时常去看望他们，父亲每次说："叫你不要跑得这么勤快，就不听。真要有本事，就带个丫头来，年纪都一大把了，还不考虑自己的事情，我和你母亲都等着抱孙子呢。"

　　我笑笑。我照旧往哥哥公司跑。今年元旦，我带了个姑娘回家，父亲才取下了那顶戴了十多年的草帽，父亲笑着说："是时候让它退休了。"

　　每次回家，我都照例要看看那顶草帽，我知道，父亲的言行举止，早已深深刻入了我的记忆，也将影响我的一生……

★★★ 点 评

　　父爱的伟大，不言而喻。作者文思泉涌，情感一泻千里，每一字每一句都饱含着深情，在给读者带来一个充满着爱的故事的同时发人深省，父母亲对孩子的爱是怎样的深重，孩子对父母的爱是不是也该如此深重呢？

幸福其实挺简单

作家心语：一家人能平平安安地在一起，就是幸福。

说实话，我真想不到竟会跟秦小慧住到一起。秦小慧是我的同事。乍听名字，好像应该是个很美丽又很有修养的女人，其实根本就不是这么回事。她矮得像个冬瓜，脸上还长满了恶心的蝴蝶斑，尤其是走起路来，一扭一扭地，男同事都戏称是皮球运动。但不可否认，她的代数课讲得很好，所以纵使在竞争如此激烈的学术里，她一直都相安无事。

入住那天，我早早把东西搬来了，又很仔细地把房间整理得干干净净，忙碌了大半天，我刚坐下准备喘口气，秦小慧来了，大包小包的，提了一大堆，就往门口挤。我来不及告诉她要换鞋，她便冲进来了，于是地上留下了一长串鲜明的泥土印记。

望着她那双也不知是什么年代生产的旧军鞋，我愣了愣，但什么也没说。我只是再次操起拖把，仔细地抹去她留下的鲜明足印。秦小慧显得有点不好意思，刚说了句"谢谢"，便被我摆摆手挡了回去："少来这套，你这号人我见得多了，也不知是上辈子欠了你什么，居然会跟你住在一起。"说完看着一脸窘态的她，我发出不屑的冷笑。

翌日，我正在写小说，秦小慧提了个开水瓶来找我。

"小姐，要不要给你打瓶开水？"

"不用了，我自己买了热得快，等下就烧。"我说。

"什么？"秦小慧吃惊地连退几步，一只手把手里的开水票捏得紧紧的："天啊，你知不知道热得快有一千多瓦？这样天天烧水，那要花多少钱？"

"这房间里的电费我一个人出了，这总可以了吧？"

"那不行，说好了两个人平分的，这是原则，懂不懂？我不能违背自己的原则做事。这么办吧，热得快给我，你的开水票也给我，我天天给你提开水。"

秦小慧不容分说就从我的包里取走了热得快，又问我要所有的开水票。以后的每一天，她果然按照她的话去做了，而且很准时。

但说不清为什么，我对她仍没有一点好感，相反地，我对她是越来越讨厌了，我常常想起在这个世界上，原来女人还有这种活法的。

渐渐地，天气开始冷了起来。我便考虑着要买一台洗衣机了，但当我刚说起，她便惊讶地嚷开了："天啊，真想不到你们城里人竟然还有这种想法！"

我冷冷地瞅着她。

"怎么，难道我说错了？几件衣服又有什么大不了的，洗洗不就得了，冷水泡泡手，还能活活筋骨。"

真想不到还有如此荒唐的想法，我叹了口气，却没吱声。

"要不，我给你洗吧。"她见我一脸不高兴，语气也软了下来。

但秦小慧还是抱了我的衣服去洗了，我阻也阻不住。待衣服干的时候，我到底是忍不住和她吵了一架。原因很简单，她把我一件价值800块的棉衣折腾得不像样子了。我赌气把棉衣向她一扔，便冲出了门。我打电话给母亲，说我实在是在这里住不下去了，我情愿到学校外面的农户家租间房子，我再也不想见到秦小慧了。

接下来的几天里，我一直不理她。秦小慧也有所察觉，每次经过我身边的时候，微微一笑，试图跟我说说话，我都假装没看见。

一天夜里，我刚写完一篇小说，正准备睡觉，秦小慧突然坐到了我床上，小声询问："怎么，要搬走？"

我不说话。

"别走吧，就算是我做错了还不行吗？至于那件棉衣，我赔，我赔你钱。"秦小慧左掏掏右掏掏，摸出了一大把钱。全是些一元两元的零钱，秦小慧很认真地数了数，说："这个月还没发工资，这里有100块钱，是我这两周擦皮鞋攒来的，先给你，余下的发了工资我再给你。"

"不用了。"我冷冷地说，"过两天我就搬走，我已经找到房子了，至于那件棉衣，就当送你好了。"

"咱们还算不算朋友？"秦小慧抬起头，一脸的沧桑。

朋友？我惊讶地望着她，想不到一个令我如此讨厌的女人竟自始至终一直把我当朋友看。我突然想起她为我做的那些事，我有些愧疚了，我又仔细地看着她，我第一次发现，在昏黄的灯光下，她的那张脸也不至于那么不中看。

她忽然靠在我的肩上哭起来。我慌忙好言相劝，可是我越劝她哭得越凶。好半晌，她才止住了眼泪，向我倒起苦水来。

原来，她的丈夫在几年前就因为车祸成了半个植物人，独生子也才10岁，这个家的重担就落在了她一个人的肩上，难怪她在学校里会那么拼命地工作，难怪她会那么省吃俭用，连一双皮鞋都舍不得买。但纵使如此，她那点微薄的工资还不够丈夫吃药的，所以她才会利用一切闲余机会在社会上找兼职，难怪……

我深深地理解了这个女人，她不过才三十出头，还是风华正茂的年纪，可是岁月的风霜早已把她磨得不像人样。她告诉我好几次给人家擦鞋人家都喊她老太太，可是她只得忍住，笑脸相迎。

我忽然想起这么多年来，还没见过她的丈夫与儿子，就提出去她家看看，她显得有点迟疑，犹豫了片刻还是答应了。

于是，在一间破得不能再破的砖瓦房里，我见着了她的丈夫和儿子，都是一脸的瘦，一脸的傻笑。房子里除了两张床，一张木桌子外，什么电器也没有。可我还是待了下来，破天荒地在她家里吃了一顿晚饭。虽然只有两个青菜一个汤，我却吃得很开心。

出来的时候，秦小慧小声说："真是对不住，家里没什么招待的。"

我摇摇头，同情地望着秦小慧："真没想到，你活得这么苦。"

"不，我觉得一点也不苦。"秦小慧说，"比起那些家破人亡的算是很幸福的了，我也很知足。虽说丈夫成了半个植物人，智商也只有七八岁孩子的水平，但至少每天回来的时候，我还有个说话的伴。我不奢求什么大富大贵，我只希望一家人能平平安安在一起，就算我付出再多，也是值得的。"

后来，我再也没有过搬家的念头，跟秦小慧在一起的日子里，我学到了很多东西，自己也真正感到成熟了。以前，我吃肯德基的时候，以为很多人都会跟我一样在吃着肯德基，而不是像秦小慧一样啃着冷馒头当饭。以前，我在商店挑着皮鞋时，以为这界上的绝大多数人也跟我一样换鞋如喝茶，而不是像秦小慧那样十年间就穿着同一双旧军鞋过生活。

幸福其实挺简单，在秦小慧眼里，在我们的眼里应该都一样。大富大贵不是她想要的，她要的只是一家人能平平安安地在一起，就是如此简单，幸福。我无法忘记这些话，就如我无法忘却这个女人给我带来的震撼。我相信任何一个人只要真正进入了她的生活，都会有和我相同的看法。

秦小慧应该算是座丰碑，至少我心里就这么想。

点　评

"每个人有每个人的幸福，且每个人的幸福需求都不一样。"作者用一个生动的故事向读者述说了这么一个简单的道理。本文构思比较精巧，情节的设置也是颇有悬念，十分吸引读者的眼球。

不是每一朵花开都需要理由

作家心语：原来，爱，正如母亲对孩子的爱，孩子对母亲的爱一样，一直不曾离去，却也并不需要理由。

1

我跟她结怨，是因为她动了母亲遗留给我的"奶酪"：一个布娃娃。那一年，母亲刚刚去世不久，父亲就带了一个年轻女人进来，打扮得花枝招展的，看模样不像正经人。

我和弟弟正在客厅里做作业，女人一来，父亲就让我们喊雪阿姨，我和弟弟都鄙夷地转过头去。任凭父亲怎么呵斥，都无动于衷。无奈。父亲，只好帮女人收拾房间。

我偷偷地从门口往里望，心里却想："这个女人真的会住在我们家吗？那以后怎么办？爸爸还会像以前一样爱我们吗？"

有一天，放学回来，我突然看见床旁的布娃娃不见了，我急了："我的布娃娃呢？"她从厨房里闪进来："是我，我看着太脏，所以就扔了。" 我的气便不打一处来，仇恨瞬间占据了我的灵魂，上前拽住她的衣裳，扯着嗓门哭起来："你赔，你赔，那是妈妈送给我的五岁生日礼物。你赔给我。"她手足无措地站在一旁，等了一会儿，她忽然向外跑去，片刻又垂头丧气地走回来。

刚回来的父亲，问清了原因，把我叫过去，吼我去睡觉。离去前，我突然狠狠在她手臂上咬了一口，父亲生气地想打我，我早跑到房间里去了，而弟弟也相当配合地把门反锁。

从那个时候起，我就开始恨上了她。她怎么能随意处理我的东西呢？原以为，母亲走了，爸爸还会像以前那样宠我们，我甚至还跟伙伴们说："我爸这辈子都不会娶女人了，因为他是如此舍不得我们。"可是这个女人一来，什么希望都破灭了，爸爸一天就围着她（虽然他们没有结婚），也不再对我们嘘寒问暖了。爸爸也变了，变得冷酷和严肃，从他眼里，再也看不到以往的那种温暖和深情。以至于六一儿童节，她带我们去逛公园，我们谎称口渴，让她给我们买冰激凌，却趁机爬到了树上，看着她焦急地走来走去，到处问人，我们幸灾乐祸地大笑。她终于有些绝望地瘫坐到草地上，我和弟弟才有说有笑地迎上去，她一骨碌爬起："我的小祖宗，你们跑到哪里去了？把娘急死了。"我大声说："你不是我娘，我的娘只有一个，你永远都没资格。"她一张脸涨得通红，隔了会儿，她咬牙切齿地说："好，你们有种，有种从此自己把自己管好，不要我操心。"

很多人都围过来看热闹，我朝她吐了口唾液，抓着弟弟的手，扬长而去。

2

因为那一闹，我和她在家中的对立就更尖锐了。我死死记住了她的话。他们吃饭的时候，我和弟弟在外头玩，等他们吃完了，我们就去做，有的时候干脆在邻居家蹭饭吃。晚上，我和弟弟也从不踏进他们的房间。整个家，死气沉沉。爸爸一天到晚，都唉声叹气。好几次，爸爸走进我们的房间，见没人理他，又只好默默走开。爸的烟瘾也越来越大，常常一个人坐在门外，抽着烟，默默地望着远方，一坐就是一个晚上。

但这并不能减少我对她的仇恨，我从没喊过她阿姨，我是如此恨她，恨她从我们身边夺走了爸爸。

那次，她外出演戏，父亲就在家里等她。因为我作文比赛拿了全市第一，父亲的脸堆满了笑容。她回来的时候，带了很多礼物，我去开门，她顾不得进来，第一句话就是"文儿，我给你买了件新衣服，很漂亮的"。我嘴一噘，不屑地说："我有一件。妈妈给我买的，我才不稀罕。"爸爸赶紧打圆场："文儿，阿姨也是一番好意，再说了，妈妈那件衣服都买了三年了，是该换件新的了。"我朝着爸爸生气地嚷："爸，你怎么能喜新厌旧呢？你让妈在天之灵怎么安息？"

话太重，爸爸的脸一下子变得苍白，他把手举起来，我却毫不畏惧："妈妈临终前，你在她的面前发过誓，说从今以后不再打我们，难道你忘记了吗？"她哭着往外跑，凄凉的背影，在秋风中一阵抖动。

爸起身想追她，但找遍了鞋架，却只有一只鞋子。原来，弟弟早趁他去洗手间的时候，藏了一只鞋。爸爸只好蹲下来，低声下气地说："文儿，你快告诉爸爸，另一只鞋子在哪儿，我回来给你们买肯德基。"我说："妈妈说过，肯德基是洋垃圾，叫我们不要吃。"爸生气地站起来，也顾不上再找鞋，开门就往外跑。

和她一起住了这么多年，却从来没好好和她说过一句话，也没给过好脸色，有时，我在想，是不是自己做得太过分了。

3

我上初三的那一年，学校通知要开家长会，爸爸正好到外地出差了，我只好厚着脸皮去找她，没想到她爽快地答应了。我看了她一眼，小心谨慎地说："你要答应我，不能在老师面前说我坏话。"她应允了。

说坏话的不是她，而是老师。因为最近上课表现一直不好，老师一股脑儿地全倒了出来。她不停地跟老师道歉，说会加强对孩子的管教。出门，老师好奇地问："看你的年纪，不像他的妈，倒像姐姐。"她亲昵地挽着我，说："我怀他的时候，才十六岁。"老师"哦"了一声，尴尬地笑了。

跟她聊天，才知道她是外地人，被骗到这个城市坐台的，是爸解救了她，所以她一直心甘情愿地跟着。

那个时候，我已经明白坐台什么意思，可不知道为什么，心里都没有一点看不起她的意思。我说："那你们什么时候补办个婚礼啊？"她一脸惊讶地看着我，那神情好像是听错了。我又重复了一遍，她突然紧紧抱着我："文儿，我真的没听错吧，你不再反对我们了。我真的太高兴了，有你这句话，我受再多的苦，也值。"

爸爸回来时，我找他谈判："雪阿姨都跟了你这么多年了，你应该给她一个名分了。"爸爸先是惊讶地望着我，继而一张脸僵在那儿，他有些束手无策地说："文儿，你这话说的，这是大人的事，你别瞎操心。"

她一直就在那儿听着，我出来的时候，她转身想进去，眼有点红，像是哭过。我喊她，我说："我肚子饿了，能不能给我烧几个菜？"那个晚上，我耳边总是响起她无奈又失望的叹息声。

因为最近治安不好，她劝我不要走小道回来，但我还是在一处偏僻的小道上被歹徒逮住了，钱被抢去了，还被打得鼻青脸肿。她心疼地给我擦红花油，然后说："明天开始，我来接你。"

她果真在校园门外接我，我出来的时候，她挽着我的手就往前走。之后的几天，都相安无事，但有一天，我们还是被截住了，居然还是上回的那些混混儿。她突然从包里，取出一把水果刀来："要是有种，你们就放马过来。"

对峙了一会儿，一个小混混说："你有病啊，谁跟你玩命！"说完，灰溜溜地跑了。我们把这件事告诉爸爸，他躺在床上，笑得合不拢嘴，等了一会儿，他紧紧抓住我和弟弟的手说："孩子们，爸爸这些年对不起你们。"那个晚上，爸爸开心地给我们炒了一桌子菜，我敬了他们一杯酒说："爸，以后别抽烟了。我们都大了，不再是以前只会伤你们心的毛孩子了。"爸爸的眼里，噙满了泪水，脸上却笑开了花。后来我才知道，爸爸之所以没有和她结婚，是怕我们反对，怕对不起死去的妈妈，我在想，如果母亲真的在天有灵，看到我们不开心，那才是真正的痛苦。

4

我上高中了。由于课很紧张，我只好读住校。她基本上每周都会来看我，带来亲手炖的鸡肉汤。寝室里的同学也很喜欢她，因为她一来，好吃的，大家都有份。

人真的是很奇怪，以前我是如此憎恨她，恨她抢走了我的爸爸，而现在却又是如此喜欢她，甚至在很多问题上，我都坚定地站在了她的一边。

几次和爸爸商量补办婚礼的事，爸爸都不表态，我知道，爸爸是嫌她舞女出身，怕人家说闲话。我说："她是一个很正经的很好的女人，何况人家把青春都洒在了我们家，再怎么着也应该给她个名分。"

爸不和我争执，只是默默地想着，论理，我知道他是说不过我的。

忽然有两周，看不到她的影子，我急了，连忙打父亲的电话，才知她回了老家。"好好的，怎么说都不说一声就回去了呢？"爸爸经不起我的磨，只好说出实情，她是被气走的。我说："那我请假去接她，我不能没有她。"爸爸惊讶地看着我，半晌才说："儿子大了，心都向着外面了啊。"我说："正是因为我不想向外，我才要这么说，我们王家，亏欠了她太多，我想，等把她接回来，应该给她补办场迟来的婚礼。"

再见到她的时候，是在酒店。她正穿着婚纱，出现在我的眼前，我笑着说："我今后是叫妈妈呢还是叫你姐姐？"她佯装生气地过来打我："别把我叫得那么老，我还没到三十呢。"爸爸就笑，眼角眉梢都是幸福的味道。

那天回家，我眉开眼笑地告诉她，清华大学自主招生的面试我过了，他们同意高考降60分录取。她忽然哭了。我说："哭什么呢？应该高兴才是。"她说："我就知道你一定会有出息，所以我一直守着你们家，不肯离去。"我说："以前是我错了，等我有出息了，我要买套大房子，好好地孝敬你们二老。"

5

高考的前一个月，她病了。因为忙着复习，我只看过她一次，她摆了一盆仙人掌在里面，她说这盆仙人掌陪了她近二十年了，她又说她一直喜欢仙人掌开花的样子，姹紫嫣红的，分外美丽。可我真的怀疑仙人掌会开花。

考试结束的第一天，我和室友买了香蕉，去看她。忽然呆住，病房的仙人掌上开出了娇艳的花朵，尤其是一朵粉红色的大型花朵，直径达五六十厘米。

我剥了香蕉皮，喂她，我说："仙人掌怎么会开花呢？"她却说："不是每一朵花开都需要理由。"

脑海中忽然像拍电影般浮现起这么多年的恩恩怨怨，我终于明白了她的意思，原来，爱，正如她对我的爱，我对她的爱一样，一直不曾离去，却也并不需要理由……

点 评

文末的省略号，给读者很多的遐思，可以回味本文的故事情节，可以自己"续写"故事，也可以延伸思考本文的中心思想，非常有特色。

一只失足的燕子

作家心语：没有无私的，自我牺牲式的母爱的帮助，孩子的心灵将是一片荒漠。

依然不记得年龄，只知道是小时候的事。

那时，我的家四面都是泥墙，顶上盖着厚厚的茅草，麻雀们就喜欢把窝筑在里面，甚至晚上睡觉时，还能听见它们叽叽喳喳的声音，也许是在交流一天的心得吧，我常常在梦里这样想。那个时候，面对麻雀就像面对一棵树，一株草那么自然，没什么可惊喜的，不似现在麻雀都几近绝迹了。

当时，村里刚实行包产到户。父亲在外面忙，母亲在家里忙，没时间管我们，空闲的只有奶奶，她给我讲鬼故事，唱民谣，听着她讲爷爷不平凡的一生，我便坐在一边，努力想象着他的模样，这便是我的家了。

我也常到外面玩，和很多同龄的小伙伴一起去打鸟，每个人都带着一副弹弓，袋子里装满了小石头，但绝对是不会打麻雀的，麻雀一则是太小，二则大抵都住在自己的家里，就像自己的亲人一般，舍不得去伤害。

因为用得多，橡皮筋就会经常断。一分钱一个的橡皮筋，一买便是十个，母亲是断然不会给我的，我只好撒娇地往奶奶怀里钻，奶奶这时总会摸索半天才掏出一个硬币，又摸着我的头，笑呵呵地说："拿着，去玩吧！"

虽然只是小孩子，快乐味是知道得很多了，到了成年的现在，也还是把日子经营得很快乐，然而这快乐已不是那种快乐，现在回想起那个年代的快乐，真有点怀念的味道。

父亲整天都是板着一副脸，对我也很严格，在我的记忆中，我只记得他笑过两次，一次是我小学三年级期末考试取得了班上的第一名，一次是我小学五年级时获得了全市数学竞赛的第二名，也得到了两块钱的奖励。母亲虽然也很疼爱我，但她从未给我们买过什么零食，而且看起来她对零食也极其反感，或许她小时候根本没尝过零食的滋味。每次只要是有卖糖果的来了，母亲便会让我老老实实地待在里屋，不准出来看，任凭我把唾沫吞了千万遍，也无动于衷。虽然年幼，也颇知道母亲的用心了，因为那个时候家里实在太穷，母亲嫁给父亲十多年，连袜子也舍不得买一双穿，更别提糖果那些"奢侈品"了。

这个时候，也唯独在奶奶那里，才能找着些吃的，或者是白糖泡的黄瓜，或者是一毛钱五粒的糖果。奶奶也尽可能地安慰我，说些父母的好话。其实家的贫穷，我是知道的，也从没埋怨过，不过经奶奶春风般的一拂，心里越发觉得高兴，也为有这么勤劳、朴实的父母而感到自豪。奶奶经常会给我折几个纸船，或者用破纸糊个小风筝，虽算不上精致，但只要有玩的，便已满心欢喜。某日，我远远地就对她招着手，小声说："过来，奶奶！"

奶奶走上来，问："什么事？孩子！"

"一只鸟，奶奶。"我有些喘息地说。

说着，我从怀里小心地取出一团棉花，展开，里面躺着一只小燕子。

"哪来的小燕子呀，孩子？不是你打下来的吧？"

"不是打的。"我连忙争辩。

"那是怎么来的？"

"捡的，在路上。八成是它妈妈从窝里带出来飞，一不小心，就跌下来，看它多么可怜啊。"

奶奶一听这么说，心才安稳下来，连声说："真是一只不幸的小燕子，这么小就离开了妈妈的怀抱，它肯定很伤心。孩子，你好好养着它，待它长大了，就让它重归母亲的身边。"

我"嗯"了声，回到家里，便用小竹片做了个鸟笼，又在里面铺上棉花。听人说燕子是吃虫的，我便天天去禾田里找小虫子，饿了便喂它，不饿也放些在里面。我把小笼子藏到床下头，生怕给父亲看见了，我不知道我的做法是不是恰当，但我是舍不得它了，每天听着它的歌唱，心里便充满了惬意，我想我的小日子是过得挺充实的。母亲见了，嘴里没说什么，大概是见我有这么一个小伙伴，就没再到野外去疯了，觉得也未尝不是一件好事。

然而，还是被父亲发现了，那是一周后的一天，我携了鸟笼在路上走着，被父亲撞了个正着。

"你那里放的是什么？"父亲一脸严肃地问。

"燕——子——"我的头垂下了。

"荒唐！"父亲斥责着，"拿过来！"

我只得小心地递过去，父亲三两下便把鸟笼扯开了，往空中一抖，竹片便飞散开来。

我自然是哭了，而且哭泣的声音还不小。这时，父亲似乎气还没消，便一把拎着我的肩膀说："你看看你都做了什么？你怎么可以去射燕子呢？"我很想说这只燕子不是打的，是捡的。但我知道父亲是决然不会信的，而且我越是这么说，就越会引起父亲的不痛快。所以我只是抽泣着，没说话。

大抵过了一袋烟的工夫。父亲像已经息怒，只轻轻地说："孩子啊，有些事是万万做不得的，回去吧，好好地反省反省。"接着又是一阵叹气。

奶奶也来安慰我："事情过了，也就算了，你父亲就是这副德行，不知道好好讲话，你莫想他的话，明天奶奶带你去姑姑家待待。"说着，摸摸我的头。

哭一阵，什么也忘了。其实，我只是觉得对不住那只小燕子，它那么小就离开母亲的怀抱，离开了兄弟姐妹，离开了家。我本想给它安一个家，只是我没做到。事后我也试图去找过，但一直都没再见到它，也许是飞走了，也许是回家了，也许是死了。啊，一只离家的燕子，可怜的燕子，没有爱的燕子。

　　当时，我也没记恨父亲。我觉得他一生都是辛苦的。他生在土中，长在土中，从年少起他就用那稚嫩的肩膀去和土地对歌，想从那里面淘取一家的费用，他从没有好好休息过，每天起得很早，每晚披星戴月而回。他的一生注定了是面对泥土的岁月。有时我常在梦里想起：一个头发斑白的农夫，一个已六十出头的农夫，为了一个家，整日没头没脑地忙着，为饥寒所迫，为风雨所磨折，前面也只有短暂的岁月了，他却还是不肯歇下来，不肯好好地享受享受生活。便不由得感伤起来。因为，这就是我的父亲啊，一个不苟言笑的父亲，他的一辈子就这么任劳任怨地过着，我又有什么理由责怪他呢？我想他的心是广博的，也是温柔的，只是被一张严肃的面具遮住了。听说，他现在更苍老了些，而且时常念着我这个在异乡漂泊的儿了。

★★★
点　评

　　本文语言平实，人物描写细腻，故事情节的架设也比较精巧，以一个短句开头，吸引读者目光，文末点题升华主旨，是篇佳作。

地瓜情结

作家心语：一颗善心抵得过千万黄金。

1995年夏天，我15岁那年，临近开学的一个晚上。绵绵的夏雨下了一个礼拜，才有停的迹象，电视里正报道着市里的很多路段都涨了水。父亲苦着脸，手里执着我的中专录取通知书，心事重重地在屋里走来走去，时而望望我，时而看看母亲。父亲叹息着，并不时用目光扫扫堂屋的门口。最后，父亲无奈地说："儿子，明天咱们去市里卖地瓜吧。"

"爸，"我怯怯地说，"你要把它们卖了？"

"不卖，你哪来的学费？"父亲沉痛地说。

"可是，你答应过的，你要把这些地瓜送给外婆，你说你二十年都没给她送过东西了，这些地瓜就作为她的六十寿礼的。"

父亲重重地叹了口气，目光有些迷茫，他说："地瓜，明年再送给你外婆吧，也不差这么一年。"

"我们种了一亩地瓜，卖了九分地了，就只剩这点了……说好了送给外婆，说好了要让她好好过个生日的……"我哽咽着说。

父亲俯下身，轻轻地抹了一把我的小脸，有些伤感地说："孩子，爸也不想这样啊。但我除了这样做，还能怎样呢？该借的我都借了，还是缺啊。"父亲不说话了。我就跑到母亲的怀里，脸伏在她的胸前，委屈地抽噎着。我感到母亲用瘦弱的手轻轻抚着我的头，就像一阵凉凉的风。

透过朦胧的泪眼，我看见母亲正用篮子一个个把地瓜放进去。母亲动一下，我的心也跟着抽一下，我知道那些地瓜，我是再也见不着它们了，再也不能和它们说我的心里话了。长这么大，我还从来没吃过地瓜，只是听人说很甜，有时我也想偷偷尝一个，但刚伸出手，父亲的话就响在耳际："儿啊，你要好生看着，一个地瓜就能顶你半天的生活费啊。"我是多么渴望能在外婆过六十大寿的时候，也尝一尝。只是现在，我的渴望已变成了奢望。

凌晨3点时，父亲就叫醒了我，父亲要我帮他卖。我还记着外婆的生日，心中不快，说："我还想睡觉呢。"父亲抬起头，望望夜色，说："要睡回来再睡，迟了就卖不到好价钱了。"我还想啰唆，看到父亲脸色不好，便赶紧闭了嘴，不情愿地提了一篮子地瓜，跟着父亲往外走。

外头夜色很浓，我们父子俩就在黑夜中摸索着前进。一个不慎，被石头绊了一下，我身子一趔趄，篮子里的地瓜就咕噜咕噜地往外滚。父亲在我身上拍了一下，生气地说："真是没用！"然后他就放下担子，俯下身子，小心翼翼地将那几个滚出去的地瓜摸了回来，又轻轻抚了几下才放进去。我知道自己闯了祸，站在旁边，说："我不是故意的，我真的不是故意的……"父亲原本是很生气的，父亲向来是个严谨的人，但也许是看我年纪也不小了，也不能老用责备的方式，父亲的语气缓和了，只是说："儿啊，咱们快走吧，时间也不早了啊。"

当我们赶到市里时，天还没大亮，雾就在我们眼前叠着。路上到处是水，有的地方甚至有我膝盖那么深。这时父亲总会先过去，然后放下担子，接过我的，又小心地把我背过去。也只有在此时，我才真正感觉到父亲的背，是那么温柔，又那么有力。

终于挨到市场里，父亲给我买了一个大馒头。我吃着，父亲就看着我吃，我问父亲为什么不多买一个，父亲摇摇头，憨憨地笑着，他说他不饿。父亲的神情告诉我，他明显是装的，他不过只是想省点钱，回家再吃。我把馒头分了一半，给他。父亲犹豫着，还是接了。

凌晨6点的时候，街上的行人渐渐多了起来。由于我家的地瓜又白又大，价钱也公道，买的人络绎不绝，很快五十来个地瓜就只剩下三个了。我便催促着要父亲早些回去。但父亲只是摇摇头，像是在等什么人。父亲说："你要是想走，就走吧，我还要等等。"我也想走，但我看到一个老公公朝我们的地瓜走了过来。他驼着背，一步一下都走得十分艰难。父亲像认识这个人，老远就跟他打招呼。老公公走到我们的篮子前，仔细地蹲下身子，看了看地瓜，又拿起一个，放在耳边敲了敲，才放下。他问地瓜多少钱一斤，我赶紧抢着答："一块钱一斤，不还价！"父亲狠狠地瞪了我一眼，我假装没看到。老公公摇摇头，看样子是嫌贵。但是他没走，他努力挺了挺身子，说："这几个地瓜也只是一般啊，能不能便宜点。"我心里"哼"了一声，暗道："你买就买，不买就不买，不要昧着良心说我们的地瓜不好。"我忍不住冒出了一句："你到底是买还是不买？反正一块钱一斤，没得商量！"

老公公微微把身体向前一倾，惊讶地看着我，问父亲："这是你儿子吗？是你那个读中专的儿子吗？"

"是我的小儿子，读中专的那个。"父亲恭恭敬敬地回答，转过头又批评我，"小孩子家，说话要有礼貌！"

老公公又仔细端详着那三个地瓜，目光中突然涌现着一种亲切的神色，老公公问："三个地瓜我一起买了，价钱能不能少点？"

我十分恼火，便大声说："你认为这是卖废品啊，你要是不买，就请走开，别拦着我们做生意！"

"你这个孩子，说话怎么充满了火药味啊？"老公公说。

"您要是真心买，价钱可以少点。"父亲说。"那我要了，你称吧。"父亲便把那三个地瓜拿出来，放在篮子里，一起称了，称了之后，又把地瓜取出来，再去称篮子，这两下相减，最后就是地瓜的实际重量。父亲说："十斤。"明明是十斤半，怎么说只有十斤呢。我不满地瞟了一眼父亲，没有吭声。

父亲又说："您老想拿多少便拿多少吧，您老又不是外人，就是送给您也成啊。"

老公公连忙摇摇头："那不成，你们日子也过得挺苦的。我这里只有三块钱，你看行不行？"

"什么？三块钱，就想买三个！一个都买不到啊！"我大吃一惊，转头望望父亲，我想父亲坚决不会同意卖的，这哪儿是做生意？这分明是扔东西啊。

没想到父亲微笑着说："成吧，反正是自己家的东西，就便宜着给您吧！"

老公公不说话了，从里裤里摸出一个肮脏的手帕，层层揭开，露出一沓纸票，全是些一毛两毛的零钱，老公公仔细地，一张张地数着。数完了，他把钱递给父亲，父亲也一张张地数着。

等父亲数完时，老公公已驼着背，提着东西，一步一步缓慢地向远方走去。父亲忽然听到旁边有两个老婆婆指着老公公的影子，小声议论着。一个说："他真是可怜啊，前天老伴去世，今天他儿子又把他的行李扔垃圾堆了。"另一个说："是啊，他真是可怜，我看他买这些东西，肯定是去拜祭他老婆去了。如今这些年轻人啊，真是越来越不像话了。"

我的心猛地一沉，抬头看时，父亲眼睛红红的，过了许久，父亲用一种异常沉痛的语气说："孩子，我们怎么能这样呢？我们怎么能收人家的钱呢？"

"爸，"我难过地低下头，"我们也不知道……"

"今天，咱们父子俩可是丢尽了脸……"父亲说着，一行清泪就落了下来，父亲抹了把脸，又说，"孩子，你等等，我去去就来。"

我大声问："爸，你知道他家在哪里吗？"

父亲边跑边说："我知道！……"

这是我看到坚强的父亲第一次落泪，至今想起，心中依然沉痛。

★ 点 评

　　本文人物的心理描写和动作描写非常细腻，感情色彩十分浓重，语言描写十分简洁，故事情节也层层推进，引人入胜，不愧为一篇短小精悍的优秀小说。

把自己埋进芬芳里

作家心语：抵御流言蜚语的最好办法，就是把自己埋进泥土的芬芳里。

有一个朋友，长得年轻又漂亮，但自从当上董事长秘书后，日子过得越来越闹心。不是有人说她和董事长有一腿，就是有人耻笑她因卖弄风骚才得到了宠幸。最糟糕的是，接连几次相亲，本来见了后都情投意合，但只要听到她的工作性质后，所有的男生都"敬"而远之。

这让朋友感到很困惑，平心而论，她觉得自己很清白，和董事长也只是工作上的接触，尽管她一次次解释，但都只是徒劳，而且她发现，以前很要好的闺密，也和她是渐行渐远。

很多个日日夜夜，她都以泪洗面。后来，她只好辞职，自己开了家公司，但风言风语没有减少，甚至更多的人怀疑她的公司是董事长给她注的资。

一次，在网友的建议下，她决定去拜访一位德高望重的大师，她把自己这些年所受的委屈一股脑儿都倒了出来，大师听了只是笑笑，然后把她带到了一片空旷地带，摸出一粒种子说："现在你去把它种在前面的泥土里。"

尽管很困惑，但她还是依言做了。锄地，施肥，放种，培土，然后转身。大师说："你现在感觉怎么样？"她摇摇头，大师凝重地说："那是你把自己埋得还不够深。"她似若有所悟，但依然有些茫然。

又掘些土。大师语重心长地说："知道我为什么要你这么做吗？你在意别

167

人的看法， 只是因为你把自己埋得太浅，如果埋得深，那些风风雨雨，还能影响到你吗？"

她顿时恍然大悟。

之后的日子里，她努力地工作，公司不断地扩张再扩张，直到有一天，董事长的公司也被她并购的时候，所有的谣言都不攻自破。

后来，在公司每次新员工的培训大会上，她都要说起当年的事，当有人问她怎么处置恼人的流言蜚语时，她笑着只说了一句："把自己埋进泥土的芬芳里。"

点 评

本文短而精，故事的叙述简单明了，语言描写简洁自然，文末一句"把自己埋进泥土的芬芳里"点题收尾，给人的感觉又干练又自然。

辣椒萝卜心

作家心语：人生最美的东西之一就是母爱，这是无私的爱，道德与之相形见绌。

那不过是自己晒制的一些辣椒萝卜，还有酿制的辣椒酱。她背着这些东西，站在人头攒动的火车站，显得格外打眼。

这是七月天，炎热的气浪烤得沥青路面如烂泥，她赶了七小时的山路，浑身浸透了汗水，满脸通红。

她就站在售票处，问到株洲多少钱。可人实在是太多，她的声音很快被嘈杂声掩盖下去，她只好再次提高声音。当得知坐普快要八小时，但价钱却便宜了一半时，她毫不犹豫地选择了普快。

于是有人问她："你这里面装的是什么啊？"她笑着说："辣椒萝卜，还有辣椒酱，我儿子最喜欢吃的。"

"就你过去这折腾，就够辛苦的了。还不如寄过去实在。"她却摇摇头，她不是没想过这个问题，只是他的儿子都进医院半个月了，没办法优质保存。

她匆匆买了票，提着行李，上了火车，第一次坐火车，她差点昏迷过去，还是列车员赶紧搀住了她。

和她同座的也是一个妇女，旁边也是带了很多行李，两人就聊了起来，不聊别的，就聊她们的儿女有多么懂事，多么的孝顺。言语间，都充满了自豪。

末了，她小心翼翼地打开装辣椒萝卜的瓶子，用筷子夹了一点儿，女人尝了，尖叫起来："又甜又脆，怎么世间还有这样的美味啊。"

她笑了："不过是加了点糖，做的时候用了点心。"

女人的叫声吸引来众多旅客的围观，她就让每位乘客都夹点尝尝。每个人都夹一点点，大家都知道，那是她带给儿子最珍贵的礼物。

后来大家才知道，她的儿子是位见义勇为的好青年，因为和歹徒搏斗受了伤，躺在病床上的儿子特别想吃母亲做的辣椒萝卜，于是便出现了大家所见到的这一幕。

快下车的时候，她才把瓶子盖好收起来，然后有些愧疚地朝大家颔首："辛苦你们了，第一次出远门，感谢你们的陪伴。"

她笑着下了火车，一群人争着给她带路。骄阳下，她的步子沉稳而迅捷。她只是一个平凡的母亲，一个为了给儿子送辣椒萝卜，走了三十里山路，坐了五小时汽车，八小时火车的母亲，可是在大家眼里，大家看到的却是一颗晶莹剔透的母爱之心。

★ 点 评

再颠簸再劳碌，也要给儿子送辣椒萝卜，这就是母爱，伟大的母爱。故事很平凡，人物也很平凡，但是从故事中提炼出的深意却不平凡，人物所散发出来的光辉也不平凡。这就是本文的出彩之处，从平凡中发掘爱与美。

父母的岁月，儿女的情长

作家心语：父母的岁月，就是儿女的情长。

他是由父亲一手带大的。他的父亲和别人的父亲不同，犯过事，因为抢劫。
从此，他们便是被大家鄙视的对象。

他的母亲，在他父亲进派出所的那两个月里，因为受不了过贫穷和被人耻笑的日子，便跟别人走了。

他只好跟着父亲去流浪，从一个城市辗转到另一个城市，直到他们在一个无人能识的山村里安家。

房子是父子俩一起盖的，他们还在山脚种起了菜，父亲每天都是风里来，雨里去的，为的只是能给儿子多赚些读书的费用。

八岁，他终于第一次坐在明亮的教室里，他深知学习的来之不易，一有闲暇时间，就迫不及待地拿起书。在昏暗的煤油灯下，父亲瘦弱的背影是他的天。

他常给父亲朗读古诗，父亲不懂，他耐心地一句句地解释，末了，还认真地说："等我将来长大了，我也送你去读书。"

父亲听了后便笑了，他用粗糙的手抚摸着他的肩膀，他突然想到，要是父亲能用这双手多摸点书，也不会为了些许小利去抢劫了，那他们也不用再过颠沛流离的生活，而母亲断然也不会因此离家出走了。

冬天到了，他跟随着父亲去打猎，走到悬崖上，父亲突然停住了，他循声望去，是一列飞驰的火车，良久，父亲才讷讷地说："你母亲就是乘这列火车走的。"他们虽然流浪过很多城市，但从没坐过火车，也不知道火车的终点在哪里，从父亲的描述中，他只知道母亲住的是很漂亮的洋房，有车，还有游泳池。当时他郑重地向父亲承诺："等我将来大学毕业了，一定坐火车把母亲接回来。"

他确实很用心地念着书，后来大学毕业后，他去了沿海，几年打拼下来，他成了一家公司的销售经理，也经常坐着火车到处奔波。父亲便问："你见着你母亲了？"

他觉得父亲真的很可笑，那么多火车，父亲根本不知道母亲坐的哪列，却心一软，说："等我有假了，我就去找。"父亲便欢喜得像个孩童般手舞足蹈。

还真的请到了探亲假。他回了趟老家，询问到了母亲现在的住址，又买了张票。刚出发时，公司便来电话了，说有个重要的会议，要他迅速赶回来，他犹豫了会儿，还是没回，他想：少个人，会议还可以继续进行，但父亲的心愿，不能没有他。

找着母亲时，她正病着，两个人稀稀拉拉哭了一地，他这才知道，母亲远非他们想象的那么好，出来一年后便被人甩了，又没脸回去，就只好做些小生意，维持生计。那几天，他衣不解带地照顾着母亲，无怨无悔。

后来，他把父母都接到了身边，又送父亲去读老年大学，周末的时候，他常常带着父母去游玩，那情形，就好像，母亲从没抛弃过他一样。

他常对人说，父母的岁月，就是儿女的情长。

点　评

作者是个善于收集作文题材的人，本文的出色之处在于选材上。父亲的经历与众不同，也造就了"他"的不同寻常的经历，正是他们这些不平常的经历给读者带来了深深的感悟。

第 4 辑
做一个有"问题"的人

其实生活本来就是一个完善自我，超越自我的过程，只是有的人懂得早，有的人懂得晚，有的人甚至一辈子都不懂。记得一位伟人说过：没有学问的人生，就是堕落。回过头来看看当初那个喜欢问问题的小学妹，到最后她问的问题是越来越少了，而能回答她的问题的人也越来越少了。因为这个时候，她已经不再是那个不懂事的小孩子了，而是一棵可以抵挡暴风雨的参天大树。

牛龟赛跑

作家心语： 到达成功的彼岸，不仅需要努力，还需要方向。

"龟兔赛跑"兔子输给乌龟的消息传到森林王国后，虎大王怒不可遏，想着我堂堂的森林王国的"运动健将"竟然会输给一只海上来的小乌龟。于是，虎大王急忙召集森林王国里的众大臣来商量对策，以挽回森林王国的威严。

小动物们你一言我一语，最后大家一致推荐勤劳的黄牛来与小乌龟再举行一次比赛。受到大家的推荐，黄牛也信心百倍地向虎大王说："陛下，这次我一定要战胜那只可恶的小乌龟，让他见识一下我们森林王国的厉害。"

很快地，小乌龟也接受了挑战。比赛的地点就选在了森林里的一块荒芜的灌木丛里。比赛一开始，黄牛就急匆匆地朝大道跑去，而小乌龟却不紧不慢地朝四周望了望，最后跳进了杂草丛生的灌木丛中。看到小乌龟的举动，森林王国里的小动物们都哈哈大笑起来。以为这次黄牛赢定了，因为黄牛跑的是一条没有任何障碍物的大道，而小乌龟跑的却是布满荆棘的杂草丛。

然而，一小时后，当黄牛气喘吁吁地跑到终点的时候，却发现小乌龟早已在那里等候他了。

回来后，小动物们都感到很奇怪：不是说胜利离不开自身的强大，离不开畅通的道路，离不开不懈的努力吗？这一切黄牛都具备了，具备了如此优异的条件的黄牛，最后为什么还会输给小小的乌龟呢？大家你一言我一语，讨论了半天也没想出来为什么。最后，足智多谋的黑熊老师解释道："难道你们没注意吗？黄牛跑的是一条与终点方向相距甚远的大道，而小乌龟跑的是一条朝终点方向最近的小道。"

听完黑熊老师淡淡的一句话，小动物们恍然大悟。原来要想到达成功的彼岸仅仅靠努力是不行的。努力固然重要，但是还有比努力更重要的东西，它就是——方向。

点　评

　　找准方向努力，才会离成功近一点。作者通过一则寓言故事告诉读者这个简单的道理。本寓言短小精悍，角度也推陈出新，开篇还设置了悬念，吸引读者眼球，不愧为一篇寓言佳作。

做一个有"问题"的人

作家心语： 没有学问的人生，就是堕落。

　　小李是我大学时候的小学妹，在学校的时候，我们在一个学生部。我是部长，她是新进来的干事。她特热情，一头短发，一米六左右的个头，很喜欢说话，一天到晚总有问不完的问题，因为她什么都问，所以大家觉得她就是不懂事的孩子，但同时伴随而来的还有来自各方的冷眼跟嘲笑。

　　在学生部里面，她也是最积极的人之一，每次有新闻任务她都会跟着去，即使我们没有安排，她也会写好稿子，虽然写的不是很好，但是她仍然会写好交给我们修改。有时候我们都在讨论，她怎么有那么多的精力用来学习，在校园各处总能看见她的身影。

　　有一次，我在无意中发现了她的秘密。那次是一个朋友找我跟他一起去幼儿园办事，进了幼儿园，我看见了小李也在那里，只是她在给小朋友上课。正好在说，学问学问，不懂就要问这个课题。她说："孩子们，大家如果在学习或者生活上遇到问题一定要及时地向老师或者同学们请教，因为如果你们今天不懂，也不问，问题就一直得不到解决，日积月累你不懂的事情就会越来越多，等你们长大了就会真正变得无知，孩子们，让我们不做无知的宝宝好不好……"

　　当看到这一幕，我被深深震撼了。我们并没有打扰她，直接去找了园长。从园长口中得知，因为这是孤儿幼儿园，师资力量不是很强，她是从大一的时候就开始在这里支教，随后园长还拿出了一张课表对我说："这是小李在这里上课的课表，这里的孩子们都很喜欢她。一开始的时候我们也以为她只是玩玩而已，没想到她这一做就是一年，一直持续到现在，她说她会一直坚持到毕业。"

事实上，因为她的勤学好问，她在学生部里的成长是大家有目共睹的，她虽然不是这里面最优秀的一个，但却是最努力的一个，大家也都很喜欢她。

后来她顺理成章地做了部长，与此同时，她的文章也开始登在了大大小小的杂志、报纸上，毕业的时候还拿到了湖南省优秀毕业生。

毕业后，她进了一家外企工作，而且很快地当上了部门主管。

在一次的公司精英交流会上，我遇到了她，聊起了当初的事情，她很感激地对我说："在我高三毕业后，就一直在想一个问题，高考有好几个题目其实是不该丢分的，因为老师在说的时候我是真的不懂，那个时候我很内向，也有点自卑，其实曾经几次想单独去问老师，还有课后找同学们请教，但是我怕说出来因为简单而被别人笑话，高考留下了很大的遗憾，所以我决定了，从大学开始，我决不再做一个无知的人。到了大学后，因为我的问，我才发现原来我有那么多我自己不知道的问题，也是因为一开始就遇到了你们，得到了你们无私的帮助，所以一直鼓励着我走下去，规范自己，完善自己。"

其实生活本来就是一个完善自我、超越自我的过程，只是有的人懂得早，有的人懂得晚，有的人甚至一辈子都不懂。记得一位伟人说过：没有学问的人生，就是堕落。回过头来看看当初那个喜欢问问题的小学妹，到最后她问的问题是越来越少了，而能回答她的问题的人也越来越少了。因为这个时候，她已经不再是那个不懂事的小孩子了，而是一棵可以抵挡暴风雨的参天大树。

★★★ 点　评

　　本文的亮点在于"做一个有'问题'的人"的观点的提出。此观点十分新颖，非常能吸引人的目光。另外，本文还有一个出彩之处在于写法上，即通过"我"的眼睛所看到的人和事向读者阐述自己的新观点。

折翼的天使

作家心语：世界上有一种鸟，生来便被折断了翅膀。在那天真的微笑中，暗藏着的是生命的倒计时。

她叫小蕾，今年五岁。有一张很可爱，讨人喜欢的脸蛋，特别是她的微笑，犹如一泓能净化心灵的清泉。

其实，她来到这个世界上本来就是个意外，抑或是她本来就不应该出生在这个世界上。来了，只为出演一部人间悲剧。

她是个母婴艾滋病患者，至今连父亲是谁都不知道。整天生活在自己的小房间里，根本就没有人陪她玩。每天家里重复着不同的陌生面孔，他们偶尔会给她带些糖，逗逗她，让她开心，这是她觉得家里的唯一热闹，一拨又一拨，她早已记不清那些人群。

在她记忆中，只有那个妈妈叫她阿文，她叫文叔的男人经常来家里看她。

妈妈对她很好，给她买了很多的布娃娃等玩具，还有她最喜欢的小人书。看着电视里面的孩子，她陪他们一起玩耍。

只是后来，来家里的人越来越少了，就连那个文叔也很少来。母亲的脾气也越发暴躁，开始在家里乱砸东西，她看见母亲用一个注射器给自己扎进去后，又恢复了平静。然后抱着她哭，她也莫名地跟着母亲哭，水汪汪的眼睛，流出了透彻的温泉。

有一天，母亲又开始发作了。在家里乱砸东西，一发而不可收拾，并在给了她两个重重的耳光后，就在家里乱哭乱叫，她终于拨通了文叔的电话，叫她来救妈妈。文叔几分钟后就来了，推开门的那一刻，她看到了他拿了一个硕大的注射器，扎进了母亲的身体。

母亲开始冷静下来，轻轻地抚摸着她的脸蛋，然后慢慢倒下。妈妈的眼神，让她终生难忘。一会儿过后，她听到外面有电视里面的警笛声，接着来了很多穿着制服的人将文叔的手戴上手铐，母亲被一块白色的布盖着，然后抬走。

她被搬出了自己的小家，送到一家医院。那里有很多年龄跟她相当的小朋友，不是电视里面的，而她却始终无法玩得起来，就连原来的最单纯的笑，都再也没有出现。那无休止的病魔，时刻都围绕在她身边，可能瞬间夺走她的生命。

……

"阳光生活，拒绝毒品"的号角已经吹响，从我们做起，从身边做起。减少那折翼的天使，减少人间悲剧。

幼小的生命，为什么生来就要承受着非常人的痛苦。他们到底犯了什么错？

点　评

本文语言平实，故事情节看起来也比较简单，不过作者却用一个问句来结局，给人的心灵以冲击，发人深省，这便是最大的成功，最大的亮点。

那个笑起来眼睛亮亮的女孩

作家心语：青春那么短，每个人都要敢为自己热爱的事业去拼搏。

她是我高中第一个同桌，也是我见过眼睛最漂亮的姑娘，笑起来的眼睛，弯弯的，特别亮，仿佛有水一样透着光，我们就像正负极磁铁，相互吸引。聊兴趣、聊梦想或者聊人生，有种相见恨晚的感觉。

当初，我们有着豪言壮志，她说她要成为世界上最棒的摄影师，拍出最漂亮的照片；我说我要成为世界上最了不起的设计师，设计出世界上最完美的服装。可是后来，她进的是我们当初最不屑一顾的师范；而我这个当初理科成绩从没及过格的人却进了理科院校。她说，我们都败给了现实。"既来之，则安之"成为了我们共同的口头禅，既是安慰对方，也是劝诫自己。于是，我们都开始安下心来，不去想当初。后来，她告诉我，其实教师这个职业有一种无形的魅力，当你深入了解，你就会爱上它。这个乐观的姑娘，将开始的黯然神伤转变成了现在的坚定不移。

有一次她打电话告诉我，她要去参加大学生下乡支教活动，到那些边远的贫困山区去，为期三个月。听出了她言语里的兴奋，我却有了一丝担忧，我问："你确定自己能够适应那里的生活吗？"她说："我一定可以的，我想试试。"沉默了一会儿，我说："那好，我支持你，加油！"就听到她咯咯咯地笑开了。

出发的那天，天气很好，阳光明媚，带着兴奋和好奇她踏上了去往西北的火车。我记得那天她笑起来的眼睛依旧特别亮，相信她会找到生命中最重要的意义。

接到她打来的电话时，正是傍晚，她说："我想回家，这里什么也没有。没有水、没有大片大片的树林、没有小河，晚上还会停电。吃的全是土豆，还有漫天的黄沙，风吹起的时候，一张口，嘴里全是沙……"说着说着，她就哭了，我开始手足无措起来，不知道怎么安慰她，我说："你才刚到那儿，慢慢就会好的。"她说："跟我当初想的都不一样，我知道很苦，可是我真的没想到会是这样。""要不回来吧……"她沉默了好久，最后她说："不行，我不能回去，那些孩子需要我。"说完，就挂断了。之后才知道，她走了好几里路才到镇上给我打的电话。

她再也没给我打过电话，直到三个月后，我再次见到她，差点没认出她来。她瘦了、黑了，但是笑起来眼睛依旧亮亮的，她告诉我，她不后悔。起初，真的有点受不了，但是慢慢地她发现和孩子们一起很快乐，他们每天早上会送给她一束新摘的野花，会请她到家里去坐坐。她说："当他们围着你叫你老师的时候，心里会有种使命感，要让更多的孩子都像教他们的老师一样，用知识武装自己，走出大山、走出自己的人生。"她还说："我会继续下去，我要用青春和热情点亮三尺讲台，让祖国到处飘有读书声。"

看，这个笑起来眼睛亮亮的女孩，为梦想执着的时候，眼里闪着光。我祝福她，也为她骄傲。我想，她已经找到了生命中最值得去付出和追求的东西，青春那么短，又有多少人敢为自己热爱的事业去拼搏呢！

⭐ **点　评**

"为自己热爱的事业献出自己的青春和热血。"这是作者通过讲述同桌支教的故事告诉读者的。本文采用对比的写法，即"同桌"支教之初给"我"打电话说想回家，可是后来"我"再见到"同桌"，她已经无怨无悔地要为这个支教事业服务了。此写法较能吸引读者眼球，能助考生在考场作文中获得高分。

一只脚能走多远？

作家心语：即使只有一只脚，同样也要走得很远。

他是我的一个朋友。

当他醒来的时候，身体已经被纱布包裹得紧紧的。母亲干枯的脸颊露出了久违的笑容。此刻，他已经昏迷了24天。除了依稀记得从悬崖上摔下去的情形外，他什么都忘了。

时间一天天地过去，身上的纱布也逐渐地减少。"不久就会痊愈了，你不要乱动哦。"这是母亲给他擦药时常说的话。只不过，母亲说话时总是欲言又止，像在回避什么。

不久后，上半身恢复了知觉，左脚也能动了。可是，右脚始终不能动。他问母亲。母亲总说："慢慢就会好的。"可一个月过去了，右脚的状况还是如此。

终于有一天，他忍不住了，从床上爬了下来，结果身子重重地摔在地上。他发现，原来自己的右脚已经再也不能行走了。

不久后，他出院了。他知道，面对坠崖的灾难能活下来已经很幸运了。可是，作为一名登山爱好者，没有了脚，内心比死还难受。

那天，趁母亲不注意，他拄着拐杖来到了山坡上。本想一死了之，可眼前突然看到的一幕让他怔住了。他看到一只狗在追一只野兔。那只兔子拼命地跑，可最后还是没能逃脱狗的爪子。当那只狗叼着野兔从他身边经过的时候，他发现野兔只有三只脚。那一刻，他的内心被深深地震撼了。他决定回家振作起来，重新开始自己的人生。

当他回到家时，他看到了昏倒在房间的母亲。这时，他才知道，母亲已经得了绝症。在医院照顾他的那段时间，是母亲最开心的日子。也因为那样，她才奇迹般地多活了两个月。

他哭了。这么多年，他经常在外登山，很少回家，从来没有好好陪过母亲。所以，连母亲病了他都不知道。

母亲过世后，他回到了老家，把房子装修了一遍。他决定走出失去右脚的阴影，勇敢地面对未来的生活。凭着多年的登山经验，他开始写游记，出书。后来，书卖得很火，他渐渐成了小有名气的作家。他告诉自己：即使只有一只脚，自己同样也要走得很远。

★ 点　评

　　只有一只脚，同样也能走得很远。这就是自强自信的表现。本文虽然只有短短的几百字，故事性和哲理性一样都不缺，说明作者的文笔简练，故事的架构简单明了。

点亮心灵的明灯

作家心语： 一点一滴的关爱，就能点亮每个人心灵的明灯。

洛克从小就失去了母亲，12岁那年，父亲也因盗窃罪被判刑，后来在狱中病逝。幼年的洛克遭受了太多的白眼和欺凌。为了生活，他不得不跟随年事已高的外祖母过着颠沛流离的生活，在外祖母去世后，洛克一个人辗转来到新墨西哥州的一个边陲小镇，整日在街上游荡，无所事事。

当看到同龄的孩子都生活无忧时，洛克的精神防线彻底崩溃了，他执着地认为，是这个社会害得他无依无靠，于是，报复便成了他生活的全部。一个14岁的孩子，做起事情来是相当疯狂的。他所在的那条街，每家每户，不是玻璃被砸了，就是东西不见了。当然，这都是洛克的杰作。

洛克成了这条街上最不受欢迎的人，没有人愿意和他玩，看见他都躲得远远的，大人们也都鄙夷地吐着口水。洛克却更加得意了。

镇上有个旅游景区，在一个岛上，为了旅游方便，人们决定修建一座木桥，洛克非常兴奋，但他决不是要贡献力量，而是想方设法搞破坏。建桥时，晚上有专人看守，洛克无法下手，桥建好之后，洛克知道机会终于来了。

在一个漆黑的夜晚，洛克带着锯子出发了。勘探了地形后，洛克下手了，但他并不打算一下子全部锯断两边的栏杆，他要慢慢地玩。在锯断四根栏杆后，洛克兴奋地回家了。

　　第二天早上，当旅游的人们看见被破坏的大桥时，大家都愤怒了，所有的指责都落在了洛克的身上。洛克眯着小眼说："怎么可能是我做的呢？这些天我压根儿就没出去。"看着找不到证据的人们垂头丧气地离开，洛克得意地笑了。

　　晚上，洛克又出发了，走到大桥上，他惊讶了，原来昨天破坏的那四根栏杆早已修好。"是什么人干的？"洛克迷惑着。他又想："敢跟我作对，我天天来，看你能耗多久？"

　　让洛克不解的是，每次他锯断了，到第二天就修好了，天天如此，洛克一直想知道，这个人到底是谁。为此，他埋伏了好几天，却一直都没等到人。

　　父亲去世三周年的那个晚上，洛克决定烧毁这座木桥，他带着准备好的汽油来到大桥上，却听见锯子发出的声音。是个老人。老人回头的时候，洛克看清了那张脸，他惊讶地叫了一声，扔下汽油桶，撒腿就想跑。

　　这个老人，洛克并不陌生，他就是父亲生前挚友、木匠乔治。洛克远远地听见乔治在喊他："洛克，我知道是你，你过来。"洛克犹豫了一下，还是硬着头皮走了上去。

　　忙了整整两小时，才把损坏的栏杆修好，乔治把几段半截的木头放在篓子里，然后背着朝前走。起步的时候，洛克注意到了，乔治的脚有点瘸。

　　洛克不好意思地帮他背过篓子。乔治指指自己的脚说："知道为什么会这样吗？前几天，为你修栏杆时，不小心被木头砸伤了。"洛克不好意思地低下了头。

　　乔治又说："这几年我一直在找你，因为你父亲放心不下，临终前嘱咐我一定好好帮你。直到前些日子，听说这里刚建的桥就被人弄坏了，我知道准是你干的，我就过来了。洛克，我希望你能明白，你并不是孤独的，很多人都爱着你，并且在努力帮你。"

　　那一刻，洛克的心被深深震撼了，潸然泪下。他一直以为，自己是被社会遗弃的孩子，直到今天，他才发现，还是有很多人在关心他、感化他，只是他从来都不愿面对。那曾经的往事，一点一滴的关爱，如一阵飓风，扫尽了他心底的阴霾，又如一盏明灯，指亮了前行的路。他知道，在以后的人生中，他将会用一张笑脸，温馨的微笑的脸去面对任何人，饱满、真诚，并从此长流不息。

点 评

　　好的题材是一篇文章的灵魂。本文的成功之处依然在于选材上，这充分说明了作者是个善于收集写作题材之人，这值得广大考生学习。

是谁束缚了我们?

作家心语：人生中很多时候，不是我们不能达到成功的彼岸，而是经验束缚了我们的手脚。

有一位老富翁，一直都想去真正地探一次险，年轻的时候事业牵绊了他的手脚，现在年纪大了，想出去的冲动就更明显了。他终于做了个决定，他要在探险的惊奇中去度过自己六十岁的生日。

这天，天气异常寒冷，他背着厚厚的行李走到了一座大山上，前面被挡住了道路，只有一座长长的浮桥横在眼前。他的目的地是对面那座海拔五千米的高山，据说，当年飞虎队一架飞机的残骸就散落在这座山上。

浮桥大约有20米长，两边还没有护栏，下面是深不可测的悬崖，桥上是厚厚的积雪，虽说有兔子的脚印，但这摇摇晃晃的浮桥能否承担他的重量，还是个未知数。权衡再三，富翁还是做出了过桥的决定。

只见富翁小心地伏下身子，一步一步地往前爬，偶然间他瞟了一下脚下的云雾，忍不住倒吸了一口凉气，他似乎听到了浮桥开裂的声音，他觉得自己继续走下去，最终只有埋骨深山。这么深的悬崖，除了死，再没有别的可能。他又想起了自己的亲人，自己庞大的家产……巨大的恐惧感便如海浪般滔滔卷来，他转头瞅了一下，爬得还不远，他艰难地掉了头，往回爬。

当他拖着疲倦的身体爬下桥，终于如释重负地叹了口气。他庆幸自己的决定，那么危险的旅程，相信没有人会幼稚地拿自己的生命开玩笑。

就在此时，他突然听到了一串清朗的笑声，两个年轻的小伙子谈笑风生地往浮桥上走，当他们看到桥上的足迹以及一脸狼狈的富翁时，都露出诧异的表情。

人生中很多时候，不是我们不能达到成功的彼岸，而是经验束缚了我们的手脚。

点 评

文章不在于长，而在于精。本文又是一篇短小精悍的文章，但是人物的心理描写以及周围环境的描写一样也不少。作者的文笔不仅优美，还十分干练，叙事句句简洁，文字功底实在是深厚。

把成功定位在自己的优势上

作家心语：*每个人都可以成就一番事业，只要你自信。*

木匠的徒弟决定去省城找工作，但他没有告诉师傅，他认为这是自己的事情，只要有足够的信心，就一定能成功。

徒弟换了很多工作，做过电工，也在商场里待过，可每样工作，他都没能做满三个月，为此他很苦恼。师傅听到这一消息后，专程跑到省城里找他，师傅给了他一份礼物——木匠的工具箱。

师傅语重心长地说："天空虽然浩瀚，也只有雄鹰才能搏击长空，麻雀还是只能在丛林里飞翔，你要明白自己是麻雀还是雄鹰，找准自己的优势所在，你是学木匠出身，对你而言，那就是你的天空，在省城这块天空里，你要想长久地待下去，就得把成功定位在自己的优势上！"

徒弟虚心地接受了师傅的意见，徒弟开始在工地上做木匠，一年后徒弟自己开了个家具店，徒弟的生意越做越大，一年后，徒弟成立了一个家居维修公司，还专程聘请师傅来做总经理。

其实每个人都可以成就一番事业，因为每个人都具备成功的潜在条件，那就是自信，只要能认清自己是雄鹰还是麻雀，照准自己的优势，并从这个点出发，就能顺利达到成功的彼岸。做事如此，人生何尝不是如此。

★ 点 评

　　麻雀虽小，五脏俱全。本文是篇简短的精品文，采用夹叙夹议的写法，语言简洁明练，开篇直接入题讲故事，文末升华主题，是高分考场作文的惯常写法。

生命就是不停步

作家心语： 人生中最怕的是没有包袱，因为只有包袱才会令你的生命不停步。

安德拉少年时家里非常穷，为了生活，他不得不经常翻越一座大山去舅舅家里借钱。

有一年，安德拉的家乡遭受了百年不遇的雪灾，他的房子被压垮了，为了活命，他们不得不举家搬迁到山的那边。半路上，他不小心掉队了，后来他得以与叔叔同行。

在暴风雪肆虐的环境下要穿越海拔三千米的大山是相当危险的事。冰冷的雪风像刀一样刺割他们，更要命的是，地面已经结冰，很多人都不幸地滑下了悬崖。

安德拉小心地向前走着，他不敢看两边深不可测的崖底，在经过一段相当平坦的路面时，他看到很多人都围在一起休息。叔叔对他说："我们不能停下，趁着天色没黑，我们得赶紧穿过大山。"

安德拉继续向前走，为了不被滑下去，他弄了根准备好的绳子，一头握在叔叔那头，一头在他这头。穿过一座树林时，他看见一个小伙子倒在地上，奄奄一息。

安德拉不忍心丢下他，就用绳子把他捆在自己的身上，手脚并用的朝前爬。

中午，安德拉给小伙子喂食了一块面包后，小伙子的体力逐渐恢复了，他问安德拉："到了吗？"安德拉回答："还没有，你再坚持一会儿。"

短暂的休息后，安德拉和叔叔搀扶着小伙子继续往前走。下午3点，小伙子又问："到了吗？"安德拉回答："还有一会儿。"接下来，小伙子每隔半个小时就问一次，虽然得到的是相同的答案，但他没有丝毫泄气。

到了下午6点，安德拉终于看到叔叔在下山的路口等着他们，这时，暴风雪已经明显弱了，他欣喜地告诉小伙子："到了。""终于到了！"小伙子大叫了一声，然后趴在了地上。

安德拉以为他是在休息，后来才发现他早就没了呼吸。叔叔遗憾地告诉他："因为没了包袱，他的生命也像散沙一般走到了尽头。"

这件事对安德拉触动很大，在成立他的报业王国之后，他经常对员工说的一句话是："人生中最怕的并不是死亡，而是怕没有包袱，因为只有包袱才会令你的生命不停步！"

点 评

作者是个善于换位思考，换角度思考的人，于本文中提出了"有包袱才会令人前进不止"如此较有新意的观点。一篇好的文章，有个新颖的立意就成功了一大半。

每次危机都是转机

作家心语：人一生中总会遇到各种各样的危机，每次危机都是一次新的转机，只要积极对待，勇敢面对，也许一次机会就能改写你的命运。

那时，他只是个普通的少年，在一个普通的中学里读书，成绩也普普通通。课余时间，他最大的爱好就是和一群志同道合的同学踢球。

他对自己也从没抱任何希望，就在他准备辍学的那年寒假，同学突然带来一个好消息，说市体育局正在选拔一批少年球员。一心想当球员的他有些蠢蠢欲动。

但摆在面前的难题是，他们连一套像样的球服都没有，更别说昂贵的报名费了，为了改变自己的命运，也为了证明自己行，他和另一个同学去拾荒，经常是深更半夜出去，月没群山而回。三十多个日日夜夜过去了，他们用自己的双手终于赚回了报名和买衣服的费用。

就在准备去报名的那天早上，他们被学校的保安拦截了下来，原因是一个老师的房间遭贼了，丢失钱财无数。而他们身上那300多块无法说明来历的钱，让他们百口莫辩，更糟糕的是，所有的人都怀疑是他们偷的，最终连父母都不信，只有他们的班主任信，说决不相信他们会那样做。拉着老师的手，他留下了感动的热泪。

最终事情的处理结果是，他和另一个同学被留校察看一年，并赔偿了老师的所有损失。

钱，是班主任代出的。

不久后，他的同学因忍受不了各方面的压力，辍学了。他也动摇了。班主任来找他，语重心长地说："孩子，我希望你能勇敢地走下去，虽然会很苦，可只有坚守，才能看到春暖花开啊。"

他就一直坚持着，抬着头颅有尊严地活着，只为证明他从没偷过，也为了班主任对他的那句信任。

六年后，他以全市最高分，考上了清华大学。后来，他去美国留学，再归来，他已经是市里最年轻有为的局级干部了。

班主任七十大寿那年，他带着全班同学去了，谈及当年往事，他仍忍不住激动地说："如果不是当年那次危机，我也许会和很多同龄人一样，最终与泥土为伍，是您的信任让我有了坚持下去的动力，也才让我的人生，从此与众不同。"

此后的每一年，他都会带着大包小包去看班主任，尽管此时，老师已白发苍苍，却丝毫不能减弱他对老师的尊敬和感激。

……

★ 点 评

本文的特色在于文章的布局上，善用短句，使整篇文章看起来十分简洁明练。文末用省略号结尾，给人无限的遐思，十分引人注目。

蝴蝶的执着

作家心语：执着并非一件坏事，但也有个度。

一次，去教室里自习，意外发现一只蝴蝶在窗户上拼命地往外面钻，玻璃很滑，蝴蝶一次次失败，却又一次次往上扑。窗户的下面已经打开了，这时只要它下来10厘米，它就可以去外面拥抱美丽的大自然了。

很多同学都凑过来，一个说："你看，这蝴蝶好执着哦。"另外一个同学反驳："明知道前面没有路，还要去，这不是执着，只能说是一种低级的愚蠢。"那个同学沉默了。我正在寻思该怎么样帮他时，一个同学说："看我的。"只见他从教室一角拿来一把扫把，轻轻地把蝴蝶弄下来点，原以为它会聪明地换个位置，不料它还是飞到原来的位置，继续往外面钻。看来，它并非不能成功，只是它放不下以前的努力。

因为是旁观者，我们才会对蝴蝶这种愚蠢的聪明嗤之以鼻，但一到自己的生活中又会犯同样的错误。譬如一个朋友明知自己的男友有了新欢，还提过分手，可她就是不同意，她满怀信心期待着他能回心转意，因为她放不下。世界上优秀的男人有很多，但最疼爱自己的，始终只有一个，既然这个男人不疼爱自己了，何苦在一棵树上吊死呢？可是我劝了很多次，朋友依旧不理会。

据说美洲有一种树，一旦遇到大旱灾，实在无法生存了，它们就会把自己的根卷起来，卷成一个球，然后让风把自己送到有水的地方去。

执着并非一件坏事，但也有个度。明明前面是悬崖了，难道还要向前

195

走？还不如大步流星地走回去，积蓄自己的力量，找准问题的解决办法，重新开始。

★ 点 评

　　作者采用联想的写法，从一只"愚蠢"的蝴蝶"执着"地要扑出窗外的事说起，然后联系到自己朋友的事，最后得出"凡事都要学会转弯，不可一味地往前冲，执着也要有个度"这样一个道理，渐渐深入，层层推进，通俗易懂。

帮对手就是保自己

作家心语： 对手与朋友只在一念之间，关键看你如何处理。

在一座大山里，住着一只麻雀和一户居民。麻雀靠捡食居民扔在地上的米粒为生，倒也安枕无忧，可田鼠的到来，打破了这种平静，由于米少鼠多，轮到麻雀起来时，几乎已经只剩下些屑末。麻雀非常恼火，为了抢夺食物，好几次都在半夜起来，但仍然跑不过眼疾手快的田鼠。麻雀心里便想，一定要找个机会，除掉眼中钉。

机会终于来了，一条饥饿的眼镜蛇游动过来。田鼠们开始整日惶恐不安。这天，天刚蒙蒙亮，眼镜蛇到了田鼠的窝边，游弋了一番，没发现目标，便把目光瞄向了树上。以为无忧的麻雀，并不知道危险的靠近，就在眼镜蛇张开血盆大口的时候，田鼠的报警，才让它逃离开来。

于是，为了共同的生存，麻雀和田鼠开始合作，麻雀在空中巡逻，负责给就眠的田鼠们报警，而田鼠也会给麻雀留下可观的米粒。

随着麻雀的长大，它的胃口越来越大，它开始不满足了，提出了分享一半饭食的要求，但被拒绝了，原因是田鼠家族又多了两个孩子，需要大量的食物。心怀恨意的麻雀便在寻思，要是既解决了田鼠，又保证以后衣食无忧，岂不是两全其美的事。

一个风和日丽的下午，田鼠们爬出来晒太阳，麻雀自告奋勇担任警戒，麻痹的田鼠们美滋滋地睡了。眼镜蛇如箭一般冲过来，在空中盘旋的麻雀发现了，它张了张嘴，但还是忍住了。

不幸的田鼠们成为了眼镜蛇的美食，麻雀也尽情享受着只属于它的米粒。因为吃得太饱，在眼镜蛇爬上来的时候，它只拍了几下翅膀，便一命呜呼。

其实很多时候，对手与朋友只在一念之间，若和平相处，帮对手就是保自己，而把概念绝对化，甚至采取过激的行为，对彼此，都只能是一种伤害。

点 评

考场中选择写寓言故事较易拿高分。但是写寓言故事，思路一定要开阔，务必要有丰富的想象力，提炼出的观点要新颖要有特色。这就需要平时多积累，多思考。本文的亮点就在于提炼出的人生哲理"帮对手就是保自己"非常有特色。

跳出自己的圈子

作家心语：为人处世，不能只局限在自己的圈子里，要跳出自己的圈子看。

大山里盘踞着一群猴子，它们记不清是什么时候搬到这里来的，只知道它们的爷爷的爷爷就是在这里出生的。平素里，回忆先辈们的光辉事迹，成了它们挂在嘴边最多的话。

可是，突然有一天，森林里来了一群砍伐树木的工人，随着树木的减少，猴子们的生活越来越拮据。

它们只好聚集在一起商量办法，一只最小的猴子建议："不如，我们迁移，再另谋发展。"

小猴子的话立即遭到了大家无穷的批判："你疯了啊，这是我们世代相传的底盘，怎么可以放弃呢？"另一个说："好歹，我们也是这里的山大王，岂能让其他山头的猴子笑话我们？我们还是想想怎么应付眼前的困境吧。"

接下来的几天，小猴子苦口婆心地想说服大家，但迎接它的不是石头就是拳头。接下来的几天猴子们继续聚在一起想办法，终于产生了一条妙计，那就是去偷砍伐工人的设备。

被大家排斥的小猴子最终在绝望中离开了家。在经过长达一周的流浪后，小猴子来到了一片山中，这里山清水秀，风景怡人，正适合定居。

小猴子欣喜地住下了，同时，它把这个好消息，托信鸽带回老家，但每次都音信全无。很快，小猴子娶妻生子，但它心中一直牵挂着老家，在孩子满月后，一家三口，回到了阔别一年的老家。

这里已不再是大山，取而代之的是成群的钢筋水泥建筑，稀稀疏疏的几棵小树，似乎预示着这里以前还是一片乐土。

费尽心机，小猴子在树上找到了最后一只奄奄一息的老猴子，小猴子急切地喊："其他人呢？"老猴子听不到，嘴里只胡乱地说着："我们真的错了吗？"然后，再也没有任何响动。

其实，生活中有许多这样的"老猴子"，如果我们为人处世，只局限在自己的圈子里，那的确很简单。可问题是一旦思维被局限在一个狭小的领域里，就会看不到事情的发展，而因为已有经验而故步自封，往往是危险的，甚至是致命的伤害。

★ 点 评

寓言的普遍写法是讲故事+说道理，故事一定要精彩，道理一定要深刻。本文不仅做到了这两点，语言和动作描写也非常生动，非常出彩。

奔跑，是生命固有的姿势

作家心语：奔跑，才是我们保持旺盛生命力的唯一姿势。

在辽阔的南美洲大陆，生活着一只瘸腿的美洲狮和它的两只小美洲狮。由于年幼时左前腿被其他狮子咬伤，它的生活因此变得异常艰难起来。

因为捕食的成功概率大大减少，美洲狮不得不每天都为捕食而忙碌。一边照顾自己年幼的宝宝，一边坚持不懈地寻找猎物。有一次，好不容易看到了一只在河边喝水的猫鼬，美洲狮以迅猛惊人的速度扑上去，因重心不稳，很快便摔倒在地。但它并没有气馁，爬起来，调整姿势，继续追赶。很多时候，它绞尽脑汁所得到的食物，并不能满足自己和小美洲狮的需要。年轻的美洲狮就趁小美洲狮啃食的时候，独自走开，最后才来吃残羹剩饭。

让小美洲狮健康长大，已成为了美洲狮唯一的心愿。但危机四伏的平原上，到处都是致命陷阱。年轻的美洲狮只好带着小美洲狮，不断转移，不断寻找新的食物源。

每到一个新的地方，美洲狮首先都要应付来自其他狮虎的恶意挑衅，伤痕累累的它曾一次又一次撤败下来，当看见两只小美洲狮希冀的眼神，美洲狮又会不顾一切地冲上去，直至将敌人赶跑。

当小美洲狮年纪大一点，美洲狮就开始训练小美洲狮捕食。于是，我们经常看到，在辽阔的大地上，三只美洲狮一前一后，拼命地追逐着前面的猎物。其中有一头，不断跌倒，但又不断站起来，仿佛它的眼睛里就从来没有沮丧这个概念。

这是多么悲壮的一幕，没有人知道是什么支撑它一直向前奔跑，但当看到这一幕，所有的人都肃然起敬。

我还听到生命科学院的苏珊·雪尔兹博士所讲述的一个经历，说他在平原上曾亲自见到两头饿得发狂的美洲豹，将目标锁定在它的小美洲狮身上，年轻的美洲狮并没有选择逃避，而是以鲜血捍卫了自己的领地和小美洲狮的安全。

当它筋疲力尽地倒在了地上，两只小美洲狮立即爬上去，小心地给母亲清理伤口，动作温柔而又细致。那种真情呵护，有时连人类都自愧不如。

第二天，美洲狮带着它的小美洲狮，又精神抖擞地跑在辽阔的平原上。仿佛它们的生活就是奔跑，目的，也是奔跑。这让我恍然觉得，这只美洲狮，因为有爱，它的生命旅程，始终不曾孤独。

这只美洲狮，是值得我们人类向其致敬的，因为，在它的内心深处，任何困境和挫折，都无法阻挡它追逐梦想的脚步，它把自己的一生交托给了大地。于是，从出生到死亡的那刻，它都没有停止过脚步，因为奔跑，才是它保持旺盛生命力的唯一姿势。

★ 点 评

励志散文的主角可以是人，也可以是动物。本文的主角就是动物，作者选取美洲狮一直奔跑的故事告诉读者"奔跑是保持旺盛生命力的唯一姿势"，这就是个创新点，是加分点。

当一块石头有了梦想

作家心语：只要有梦想，有正确的胆略和勇气，就能柳暗花明、花团锦簇。

这是最后一只在大山里坚守的小猴子，它已经两天两夜没吃东西了。可是原本茂密的森林因为多年的砍伐，早已面目全非，许多猴子都选择了迁移。

当最后一棵大树轰然倒下，无奈的猴子只得黯然离开。在后山的岩洞里，小猴子突然看到了几块透明如拳头大小的石头，也许将来能卖个好价钱，建一座美丽的家园。小猴子美滋滋地把这些石头放在自己的包裹里。

小猴子要去的地方，很远，一路跋山涉水。有些从其他山头下来的猴子就不理解，它们纷纷劝小猴子："把那些沉重的石头扔了吧，现在赶路要紧，要那些累赘做什么啊。"小猴子摸出一块石头说："你们看，这么漂亮的石头，我想一定很珍贵，将来我们重建家园时，不就有了一笔可观的资金了。"有猴子鄙夷地说："连自己的小命都不一定能保住，还谈未来，真白痴。"可是，小猴子不管。它想，带着这些石头，至少自己还有梦想吧。带着梦想行走，总比漫无目的要好。

之后的每一天，小猴子都过得很快乐，或者哼着小曲，或者给大家讲笑话逗大家开心。有猴子提醒它，这是在逃难。小猴子却说："不要想着是在逃难，要想着是去远方建设我们的新家园。"后来，一场流感席卷了猴群。小猴子也不例外。它却一直坚持着，并且鼓励其他的猴子勇敢地与病魔做斗争。

转眼，一年过去了。小猴子和他的伙伴们终于来到了一个半岛上，这里人迹罕至，群山环绕，正好适合定居。小猴子用这些石头和人类交换，换取了很多果木和树苗，直到此刻，它们才知道，这些透明的石头竟然是价值昂贵的天然钻石。猴子们又建了一座巨大的城堡，城堡的大门上挂着四个字：梦想家园。

当听说了小猴子背着沉重的石头千里迁移，并重建了一座美丽的家园时，附近的其他动物种族纷纷前来取经。有很多动物不解地问："当时你知道你背的那些石头就是钻石吗？"小猴子笑着说："我只是想知道一块有了梦想的石头能走多远，我坚持了，所以我成功了。"

其实，人的一生何尝不和小猴子一样，虽然也会遇到低谷，虽然也会历经挫折，但只要有梦想，有正确的胆略和勇气，就能迎来柳暗花明、花团锦簇的那一天。

★ 点 评

以动物的经历来说明一个众多周知的人生道理，生动有趣，更能吸引人的眼球。这就是本文的创新点所在。

总有一种选择，你要坚持到底

作家心语：人生中总有一种选择，我们要坚持到底。

从前，有一只小蚂蚁，非常有理想，它总想着做几件轰轰烈烈的大事，好扬名立万，光宗耀祖。

它先是和猴子学数数，但只学了三天，它便放弃了。又跟熊猫学健美，但同样不久后放弃了。有朋友就问它："你到底想学什么啊？"小蚂蚁说："能迅速实现自我价值的，我才学。"

后来小蚂蚁慢慢长大，它突然发现，自己居然什么都没有学到，只好整日郁闷地躲在洞里。转眼，秋天已经到来，其他蚂蚁都在为自己准备冬眠的食物，但小蚂蚁没有动，不是它不想，它是连最基本的猎食都不会啊。这么多年来，它都是过着饭来张口的日子，可现在大了，母亲不管它了，小蚂蚁感觉到了绝望。

它决定去求助别人。它看见一只大蚂蚁过来。小蚂蚁兴奋地跑上去，向大蚂蚁诉苦说："你可怜可怜我吧，我已经三天没吃饭了，给我一点吃的吧。"大蚂蚁说："我还得去找粮食呢，要不，你和我一起去吧。"小蚂蚁忧郁地说："我可以吗？可是我什么都不会啊。"大蚂蚁反问："那你去尝试过吗？你去学过吗？"小蚂蚁便把自己跟其他动物学艺的事详细说了一遍，大蚂蚁听了语重心长地说："小伙子，我送你一句话吧。生命中总有一种选择，你要坚持到底。"

　　大蚂蚁说完就走了，留下一脸沉思的小蚂蚁。苦思良久，小蚂蚁决定首先学会猎食。它在离洞很远的地方找到了一只昆虫。可是凭它个人的力量，一次只能移动很小的距离。有蚂蚁上来问："要不要帮忙？"小蚂蚁委婉拒绝了。它希望能通过自己的双手去实现自己的人生价值。

　　就这样搬累了就休息，休息好了就再搬，小蚂蚁花了一天一夜，才把食物搬回家。在解决了温饱问题后，小蚂蚁决定学设计，它甚至还为自己的未来制订了一份详细的计划表。三年后，小蚂蚁终于成功了，它成了蚂蚁王国里最出名的设计师，经它设计的房子，不仅漂亮、时尚，而且经久耐用。

　　从一个空想主义者到伟大的设计师，小蚂蚁的成功给了我们一个很好的启示，那就是要学会一步步地生活，即使是不知道成功的出路会在脚下的哪一步，但我们应该知道，人生中总有一种选择，我们要坚持到底。所以唯有一步步勇敢向前，再向前，方能早日找到成功的出口。

点 评

　　小蚂蚁成功从空想主义者变成了设计师，它的蜕变，它的成长，几多艰辛，几多酸楚。它的这些经历，我们很多人都会经历到。但是作者却选用"蚂蚁"这一个小动物来做主角，更生动一些，更有趣一些，若是用"你"或者"我"或者"他"做主角，会显得有些生硬。

路过一颗颗爱的心

作家心语：爱是阳光、是雨露，让每一颗仇恨的心渐渐温暖。

那个夏天，是她这辈子最幸福的一个夏天，因为她看到了爱，看到了所有白云后面的柔情蜜意。

其实，她本来是应该痛恨这个世界的，自她懂事起，她就知道自己是个跛脚的人，生母无情地把她遗弃在大街上，虽被好心人收留，但她并未心存感激，她甚至怨恨上帝的不公，给了她一张漂亮的脸蛋，却又给她一双长短不一的腿。

因为自卑，她从小就不愿往人多的地方去，因为自卑，她的脾气也变得越来越暴躁，动不动就摔东西，父母和哥哥都忍着她，她也越发放肆。

七岁，到了该上学的时候，她拒绝去，大她半岁的哥哥硬是把她背到了学校，可还没到两小时，她就一瘸一拐地回来了。无奈之下，哥哥只好给她买来书本，然后一点一滴地教她读书写字，她倒是学习得很认真，每次哥哥从学校里带来的试卷，她总能以高分完成。哥哥说，她的确是块读书的料，也正是那个时候，她才觉得生活有了一点意义。

也就真的去学校读书，插班到了哥哥所在的班级，虽然她依然自卑，依然不和同学交往，但丝毫掩盖不了大家对她的尊敬。

小学毕业的那次考试，她以全校第一的身份考进了重点初中，高兴的父母给她买了一双漂亮的鞋子，却被她扔得远远的："看我是残疾人，还给我这么漂亮的鞋，不是存心让我难堪吗？"

她拼命地学习着，只为离开这个让她讨厌的家，一个人去远方，越远越好。

那个高考后的夏天，当得知她和哥哥都被心仪的大学成功录取时，她再也按捺不住心中的激动，可是她也知道，现在的家境，他们中间只有一个人能如愿。

她好几次想和哥哥商量，想让他放弃，可是欲言又止，谁不希望自己能读大学呢？一连好多天，她都看见哥哥郁闷地在房间里走来走去，不说话，也不理人。

后来哥哥说："我们跑步决定吧，谁赢了谁就去。"虽然身残，但是她知道这次比赛，她一定会赢，因为赛道是她选的，那是一条曲折的山路，在几棵小树苗之间，她用细绳连了起来。她知道哥哥跑得快，所以她把时间选在了黄昏，那个时候，谁还会注意地上有没有绊脚绳呢？

果然，比赛的时候，哥哥像一阵风似的向前飞，她则一瘸一瘸地在后面跟，然后，她便听到哥哥的惨叫声，她不紧不慢地从摔倒的哥哥身边走过，顺利达到了终点。

可是让她想不到的是，哥哥的脸上没有一丝恨意，她永远都记得哥哥把录取通知书交到她手里时说的一句话："让我永远以你为傲。"

后来，她才知道，是哥哥故意摔倒的，为的只是她的自尊，哥哥说，让她去读吧，我去打工，赚钱养她，她到哪儿，我就到哪里打工。

后来她才知道，其实这些年，哥哥成绩都比她好，只是每次都故意做错题，哥哥说，那样会让她觉得学习更有意义。

后来才知道，这些年，哥哥和父母一直都深爱着她，逢人就说她的好话，以她为荣，以她为傲。

"感谢上帝，让我路过一颗颗爱的心。"她在大学新生动员会上动情地说，"虽然残疾，可我觉得活在幸福和温暖当中。是爱，给了我拥抱阳光、放开心灵的勇气，让我冰冷仇恨的心渐渐温暖。"

★ **点 评**

开篇设悬念，"那个夏天"到底发生了什么事？读者很期待。后文作者慢慢叙事以解开悬念，文末作者用女主人公的话来结尾，温馨之余也更有说服力，励志性更强。

最美的人

作家心语：舍小家为大家。这样的人，不论是在天堂还是在人间，都是最美的人。

从没想过与他同行。一直以来，他都是我最讨厌的那种男人，小气、虚伪、琐碎、爱算计、爱斗嘴，又极不讲究卫生。可是有什么办法呢？这是老总的意思，一想到要和他共处半个月，我心中就难受极了。

去汽车站的路上他一直在向我吹嘘他妻子怎么美，怎么贤惠，他还说邀请我到他家里玩，那里干净又漂亮，我把头扭过去，直想呕。

匆匆赶到汽车站，刚坐上车，他便迫不及待地摸出电话，我注意到他的手上戴了一个手镯，玉的。记得以前他在办公室曾经说过，那是他妻子最珍贵的饰品，祖祖辈辈留下来的。出于好奇，我侧过头，正打算问他。

"我先打个电话。"接着他开始拨号码，叽里呱啦地说了一通，听了半天，我只听懂两个字："堂客"。等他忙完了，我问："是打给你妻子的吧？"

"嗯。"他点点头，目光停留在镯子上，"她说这个能保平安，所以我就一直戴着。"他的眼光望着窗外。

看得出他的心情不是太好，出于礼貌，我正待说几句客套话，他的手机又响起来，他的目光飘过来："我先接个电话。"接着他用纯正的普通话说："我快到了，等下就把费用给你们送过去。"然后，挂机，静静地望着前方。

"怎么回事，欠人家钱？"我不解地问。

"不是。"他摇摇头，"我妻子是湖南人，大学毕业后就一直留在四川，到现在都八年了。"他的目光跟着明亮起来："她喜欢孩子，所以……

"所以她就领养了一群孩子，并且自己开了家幼儿园，好让这些孩子有地方住，有书读。"我忽然记起，他在路上多次跟我强调这事，说还是免费的。当时，我笑了笑，不置可否，因为我绝不相信有这么伟大的人。

"可以这么说。"他点点头，"今天是月初，正是给孩子送钱的时候。"

"你一直都这样做？"我说。

"自从我妻子离开后，我每个月月初都会去一次，这次公司正好去那边办事，所以我就申请过来了。"说到这儿，他叹了口气。

"为什么不打卡、不汇款，非得自己送过去呢？"问他。

"要是那样，我也不放心，不知道他们活得怎么样，学习得怎么样。"他认真地说，"反正我有的是时间，我把时间浪费在打牌上和旅途上都是一回事，都是过，但是对他们就不相同了。你知道他们最需要的是什么吗？绝不是钱，而是爱和帮助。"

"那你妻子，你儿子呢？他们也在那儿？"

他把身体向前挺了挺："都走了。那一次地震，她为了救那些领养的孩子，没顾得上自己的儿子，也没顾得上自己的安危。"他停顿了一下，目光停留在镯子上，继续着："虽然我失去了他们，但我却得到了更多的儿子，不是吗？"

我的心被深深震了一下，我说："所以你才把那镯子戴上，因为那是你妻子唯一留给你的东西。还有你每次出行都会给妻子打个电话，尽管没有人回你，但你一直相信天堂里有双眼睛在望着你，在提醒你，你才有活下去、坚持下去的勇气，因为至少，你还有那些孩子要照顾，是不？"

"所以你才不止一次地向公司辞职，你说要照顾你的家人，其实你是舍不得那些孩子，你希望能像你妻子那样，既做他们的老师又当他们的母亲，是不？"

他点点头，但看得出来，虽然悲伤，但他的脸上一直很自豪，想想也是，有这样大义凛然的妻子，换成是我，也会毫不犹豫地继续她的路走下去。

舍小家为大家。我想，这样的男人和女人，不论是在天堂还是在人间，都是最美的人。

点 评

本文的人物的性格特点刻画得非常出神入化。作者开篇先写"他"的讨厌样，给人的印象不太好，但是后文又把"他"善良的一面给勾勒了出来，两者形成了强烈的对比，以加深读者的印象。

人生的三个阶段

作家心语：亲情是人世间传承的最婉转流长的温暖。

小时候，我耳朵里听得最多的就是诚实这个词。父母以此作为教育子女的良方，老师也拿来作为衡量乖学生与调皮学生的尺度。去外婆家，他们嘴里唠叨的还是这两个字。外婆，甚至不厌其烦地给我讲羊和狼的故事。于是，在那个充满童真的年代，我们在马路边捡到一分钱，在教室里捡到一个橡皮头，都会交给老师，不为名，不为利，只为诚实。

大学毕业后，父亲在饭桌上说得最多的就是“勤奋”。他会讲起他往年的故事，他教育我，做人就像建房，需从一砖一瓦开始，只有踏踏实实，把基础打牢，才能建得高，建得稳，人生的路也才能越走越宽。记忆犹新的是非典流行的那年，因为投资不当，我刚开的小店亏了，为了还债，只好在街头摆了个烧烤摊，为了招徕顾客，我想了很多办法，每天都起早贪黑地忙碌。经过一年的努力，我不仅还清了债务，还多了10多万存款。

有了子女后，餐桌上出现频率最高的就是爱这个词了。既有对父母的孝顺之爱，还有对儿女的疼爱。日本有个心理学家，曾做过一次调查，选择你生命中最重要的五个人，然后再一个一个去掉，最后剩下的是谁？调查显示，单身人群中，80%会选择父母，结婚育子后，97%会选择孩子。有次，母亲来我家玩，正值快乐大本营播放时间，我和妻子也喜欢看，可最终还是把遥控器交给了孩子。母亲说：“这不公平，”说完也笑了。其实，母亲养育我们的时候又何尝不是这样，把最好吃的都给我们，即使是快烂了，霉了，也放在那里。自己不买衣服，专拣儿女的旧衣服穿，每年却舍得把大把的钱花在子女的穿和玩上。现在，我也重复着母亲当年的故事。我曾经问儿子："现在我对你这么好，把好吃的、好看的，都给你了，等我老了，你也会这么对我吗？"儿子反问："你会后悔吗？"

这种念头我是连想都不愿意去想。事实上，我们的爷爷奶奶，父母，我们这一代，还有我们的后代，后代的后代……明知道两种爱的重要性是不同的，但仍然会前赴后继，只因为这是人世间传承的最婉转流长的温暖，这种温暖，能让子女们抵御一切寒冷和危险，并在爱和阳光中不偏离人生的航向。

★ 点 评

这是一篇温情散文，没有华丽的辞藻，也没有激昂的文字，每一字每一句都带着浅浅淡淡的情感，正如本文所要传达给读者的"人世间传承的最婉转流长的温暖"的观点。

江南雪

作家心语：江南的雪，如同一个美丽的影子，来时轻盈，去时缥缈。

我确信，大多数人都是喜欢下雪天的，因为雪的晶莹剔透，更因为雪的美丽纯洁。而尤其是对生活在南方的人来说，一年不过一两次的降雪更是弥足珍贵了。

我从没见过北方下雪的景象，但从"千里冰封，万里雪飘"的描述中，足可见北方降雪时的磅礴气势，如一坛烈酒。因此，在内心中总有一个念头，总希望能亲身去见识下北方雪景的壮观，置身在茫茫雪海一望无垠的银装素裹的世界里，定然是另一番感受。如果说，北方的雪是一位刚猛豪放的男子的话，那么江南的雪就是一位温柔缠绵的女子了。相比之下，我更喜欢江南的雪，她来得轻盈，去得悄然，更多了几分柔情，几分可爱。江南的雪景，全然称不上银装素裹，千里冰封，但依然不失雪景的风韵，犹如一幅清雅的水墨画，淡淡的，让人心醉。

因为一年中难得有一两次下雪，每年我对下雪总是如此的渴望和期盼。于是，在冬季，总是在久违的愿望里盼望天空飘起惊喜的雪花。可是越是期盼，雪却越是迟迟不来。而总是在某一天一觉醒来，推开窗户看到瓦片上的积雪后，才突然发现昨夜"雪姑娘"已悄悄降临。小时候，每到这个时候，我总会来不及穿上棉衣，就匆匆出去和玩伴们在雪地里疯跑。总喜欢仰起头看那彤云密布的天空，看密密麻麻的雪花从天而降，任由她们亲吻脸颊，调皮地钻进自己的脖子，让一丝丝清凉融入心田。然后在雪地里打雪仗，滚雪球、堆雪人……即使小手冻得通红，却全然不知道冷。玩够了，就带着一身的雪花回家，手上还不忘捏上一个雪球。

当第一片雪花落下的时候，就生怕她马上就融化了。于是，总是祈祷这雪、这下雪天永远地留在人间，留在生命里，有时候，甚至傻傻地用玻璃瓶装上雪，小心地藏在柜子里，期盼着能永远地把她留在身边。然而，江南的雪来得轻盈，去得也悄无声息。或许只需一夜的光景，铺在地上薄薄的积雪，在清晨起来时就会消失得无影无踪，唯有屋顶上的些许未待融尽的积雪，还能找寻到"雪姑娘"来过的迹象。莫名的忧伤常常驱使自己走入田间，再去寻找她的身影，然而软软的泥土上再无她的气息，于是内心总会隐隐怅然若失。在我的心里，雪花定然是大地的恋人，每年都有相见的约定，而为了这约定，她积蓄了一年的力量来到人间，走的时候却化作泪水和清风，不留下什么，不带走什么。

江南的雪，如同一个美丽的影子，来时轻盈，去时缥缈；来时悄然，去时潇洒，即使来去匆匆，也要孕育出寒梅的一段清香。人生不正是要如此吗？纵然生命短暂，仍要尽情绽放，在短暂的生命中焕发光彩，把生命的美丽带给他人。

★ 点 评

本文是一篇写景散文。作者将江南的雪写成了一个婀娜多姿的美少女，灵动的文字，华美的语言，非常有美感，不禁让人对其产生深深的眷恋。不过作者"醉翁之意不在酒"，所要传达给读者的是"纵然生命短暂，仍要尽情绽放"的真谛而非只是美景而已。

彼岸花

作家心语：彼岸花开，为君而来。

故乡的河岸生有一种花，每年深秋都会开出遍地的火红，花色如血，甚为妖艳而壮观，花开时无叶，有叶时无花，年年如此，从不间断。佛说："有种花，超出三界之外，不在五行之中，生于弱水彼岸，无茎无叶，绚烂绯红。"此花就是彼岸花。

彼岸花开在深秋，当百花谢尽、草木枯黄时，一场秋雨过后，彼岸花就像精灵般冒出地面，几乎在一夜之间开满整条河岸。彼岸花开得热烈，用"怒放"二字形容毫不为过。在河岸之上，一丛丛，一簇簇，花瓣绯红似血，有如身袭红装的新娘，在悲凉的秋日，给毫无生机的河岸平添鲜艳的色彩。彼岸花开花时无叶，有叶时无花，因此显得十分神秘。家乡人对彼岸花十分敬畏，老人们称其为"打碗花"。据说，如果谁故意采摘，回家后必定会打破饭碗。为此，小孩们虽然对花爱不释手，却谁也不敢随意采摘。

起初，对彼岸花我并不甚喜欢，因其花色太过妖艳，绯红如血的花瓣，蕴藏了太多的执着和幽怨。直到有一天，我看到了关于彼岸花的传说，让我彻底爱上了这种特别的花。

彼岸花又名曼珠沙华。相传，守护在彼岸花身边的是两个妖精，一个是花妖叫曼珠，一个是叶妖叫沙华。他们守候了几千年的彼岸花，却始终不能相见，生生相错。一天，他们再也无法忍受彼此想念的痛苦，偷偷相会，并相爱。因为违反天条，曼珠和沙华被打入轮回，并被诅咒永远不能在一起，生生世世在人间受到磨难。从此，彼岸花只开在黄泉路上，曼珠和沙华每一次轮回转世时，在黄泉路上闻到彼岸花的香味，就能想起前世的自己，然后发誓不再分开，却又再次跌入诅咒的轮回。

《佛经》言："彼岸花，开一千年，落一千年，花叶永不相见。情不为因果，缘注定生死。"不为命运所折服的彼岸花，经受无数轮回之后仍然不放弃相见的一线希望，在每年深秋到来之时争相怒放，明知此时绿叶已凋零，希望已破散，却因为当初的约定而坚守承诺。开了又谢了，来了又去了，平添几丝忧伤。

"那一刻爱上你，命里劫数无路可逃无所可逃，我会一直等三千日斗转星移，你终于老去我依旧沦陷。"

彼岸花开，为君而来。有情如斯，有爱如斯。

★ 点 评

写花的散文，必然要美，且要美得让人"垂涎欲滴"。作者文笔优美，引经据典，给读者以美的享受。不过本文的亮点并不仅在于此，更大的亮点在于，作者赋予了彼岸花爱与希望：彼岸花开，为君而来。爱上你，便无处可逃。

第**5**辑

成功的后面是什么?

　　有相当多的一部分人不是输在挫折上，而是输在头一两次的成功上，可见，如何面对成功，也是一个很严峻的考验。成功的后面是什么？如果一个人总是醉心于昔日的成功，念念不忘，试图留住过往的美丽，那么，成功的后面就是失败。只有不躺在荣誉上睡大觉，认识到以前的成功只能说明过去，那么，成功的后面还是成功。

在梦想的路上

作家心语：挫折也是对成功的一种磨砺。

　　他出生在一个教师家庭，父母都是小镇上的中学教师，从小就在严厉的教育和无穷无尽的题海中长大。他的父母跟所有刻板、严厉的老师一样，希望他能进最好的大学，然后是考研、出国，他们觉得那样才是成功，才是前途无量。但是，他却厌倦了每天像机器一样不断地做题、做题。他唯一的业余爱好便是摄影，他觉得在他的镜头下，所有东西都是有灵魂的，他对摄影几乎到了痴迷的地步。可是，为了不伤父母的心，他不得不放下摄影机全身心地备战高考。经过五个月炼狱般的磨砺，他考上了父母一直想要他去的那所大学，可是他却并没有想象中的那样兴奋。

　　送他上火车那天，母亲哭了，他忽然觉得好沉重，他在心里默默告诉自己：就按父母的意思学吧，我的梦想微不足道。大学相对于高中有了更多自己的时间，他就利用这些课余的时间参加了学校的摄影社团，在这个社团里面，有更多自己可以随意发挥的自由空间，而他的作品，往往能出其不意，给人一种全新的视野。渐渐地他在校园里小有名气，摄影带给他的快乐是考研、出国所不能给的。他的社长告诉他："摄影这东西，不是人人都能学好，就算学好也不一定能拍出你自己想要的那种感觉，而你是我见过的最有天赋的摄影爱好者，你没学摄影真是摄影界的损失。"当初的梦想又在他心里渐渐燃起了希望。

　　大学两年很快就过去了，面对越来越枯燥的课堂理论，他把最大的精力放在了摄影上，一个大胆的想法在他脑海中挥之不去，于是就在大三第一学期开学的那几天里，他打包行李带着一丝兴奋踏上了去往西藏的旅途。到达西藏的那天，天空真的很美，一片纯净的蓝，面对辽阔的草原，他激动地大声吼叫，那一刻他终于明白，在大自然面前自己是多么渺小，那种一望无垠的辽阔永远珍藏在了他的内心。他的目标是珠穆朗玛峰上的日出，虽然学过登山但也只是略懂皮毛而已，何况他现在要征服的是世界最高峰。危险，时刻都会存在，但内心的渴望战胜了恐惧，他一遍遍地测量、等待。也就在这个时候，急促的电话铃声响起，是父母打来的，他犹豫了一下还是按下了接听键。

“你现在马上给我回来！”是父亲的吼声。

“爸，我……”

“我什么我，你一个学生跑到那儿去登什么山？你不要命了？登山是那么容易的吗？专业的登山队员都不一定能成功，你去，我坚决不同意。”

电话被母亲接过，带着隐隐的啜泣声：“回来吧，我就你这么一个儿，你要出了什么事，我可怎么办啊！”

他端着电话，沉默了许久：“爸、妈，对不起，这次我想试试。”说完，挂断，关机。

终于等到了一个最佳的拍摄时期，他整理好一切就出发了，在途中，他碰到了一支国家登山队，听了他的事也看了他的作品，队长被他对梦想的执着所打动，同意他与他们结伴而行。

到达珠峰脚下时，天气仍然明媚没有一丝风。他们开始登山，起初很顺利，一些小的阻碍都被摆平，可是没过多久，天气开始出现变化，风越来越大，黑压压的云层遮住了太阳，只感觉阴沉沉的一片。队长感到不妙，要队员们马上撤离返回，看来暴风雪就要来了。可他却不肯返回，离梦想那么近了，就差一点他不想放弃，队长硬拽他往山下去，这时雪山开始滑动，隐隐约约有雪块从上面掉落下来，风夹着雪随处飘散，在队长身后形成了一片“纱帐”。

他赶忙掏出相机不停地拍，突然，队长大叫，要他走开，可是风声呼啸根本就听不见说什么，只见队长飞快地向他扑过来，把他护在身下，他只感觉有什么东西重重砸下来，转身一看一个大冰块从他头上滑下，队长用自己的身体替他挡住了，一大口血从队长嘴里吐出，他急了，队长不能有事，他呼喊队员们一起艰难地将队长抬下山，并以最快的速度送到附近的医院。

很多年后，他已是当地有名的摄影师，办起了自己的摄影展。一位戴着鸭舌帽的中年人站在一幅照片前凝视了许久，最后，他微笑着离开，那是一幅取名为"捍卫者"的图片，背景是铺天盖地的雪，其中一个登山者以奇怪的姿势向前倾着，像是在跑。所有人都不明白，这样一幅普通的照片为什么取名叫"捍卫者"，只有他自己明白……望着队长离去的背影，他双眼湿润，就在那一次登山意外中，队长为救他被雪块击中脊椎，虽然可以正常行走却再也不能登山，要知道登山是队长的爱好，征服珠穆朗玛峰更是队长的梦想，队长就像一个骑士，用自己的身躯捍卫着他和他的梦想，而队长牺牲的却是自己。

在人生路上或者说追求梦想的过程中，我们会碰到很多人，经历很多事，有的让我们前进，有的让我们懂得一些道理。在经历的这些事中，无论它是多么困难或者多么美丽，都要学会珍惜，学会感恩。因为，就算是挫折也是对成功的一种磨砺。

点　评

　　本文的景物描写和心理描写都非常出彩，短句的使用也非常得当，如"说完，挂断，关机"，十分干练简洁。主题思想的提炼，也是非常精巧，在叙事的过程中逐渐带出，文末再加重笔墨特写，将主题推到了制高点。

成功的后面是什么？

作家心语： 有相当多的一部分人不是输在挫折上，而是输在头一两次的成功上。

葛优因出演《编辑部的故事》中的男主角，获得了电视金鹰奖最佳男演员奖。同年，他又凭借电影《大撒把》获得了金鸡奖最佳男主角。

有一天，葛优的父母来看望他，发现给儿子的纪念品摆在书桌上最醒目的位置，却没看到奖杯放在什么地方，便问他。葛优说："那些东西看多了不好，所以把它们放在墙脚的地上。"父母暗自高兴：儿子没有因为奖杯而飘飘然，没有被冲昏头脑。

几年后，葛优因演《活着》中的男主角，获得了第47届戛纳国际电影节最佳男演员奖。

有相当多的一部分人不是输在挫折上，而是输在头一两次的成功上，可见，如何面对成功，也是一个很严峻的考验。成功的后面是什么？如果一个人总是醉心于昔日的成功，念念不忘，试图留住过往的美丽，那么，成功的后面就是失败。只有不躺在荣誉上睡大觉，认识到以前的成功只能说明过去，那么，成功的后面还是成功。

★★★
点　评

　　本文将葛优这位影帝对待奖杯的态度进行叙述，进而得出"以前的成功只能说明过去"这样一个简单但是不是人人都懂的道理。

生活，永远值得期待

> **作家心语：** 无法预知未来将会发生什么事情，所以，才
>
> 有意外的惊喜。

白岩松大学毕业实习分配到中国国际广播电台，为了给实习单位留个好印象，首先不能迟到。于是，他改变了在大学期间养成的晚睡晚起的习惯，每天早晨5点钟起床赶进城的班车。到了实习单位，人也变得勤快了，打水、扫地等杂活他一人包揽。

两个月后，实习结束了，但能否留在中国国际广播电台还没得到正面的答复。接下来，他就在焦急和不安中等待实习单位的消息，惶惶不可终日。什么事走到低谷，再接下来可能是转机。不久后，实习带队老师告诉他："由于你实习中表现不错，单位打算要你。"听到这句话，他心中的大石头终于放了下来，有了这句话垫底，整个人焕然一新，不用奔波了，前途也有了着落，心情自然好极了，很久听不见的鸟声，身边人们的言语又开始清晰起来。

从当时的情况来看，白岩松可谓是前途一片光明。但是，生活有时是不会按常理出牌的。正当他为此而欣喜满怀时，一场更大的风暴已悄然而至。

忽然有一天，实习老师告诉他："中国国际广播电台不再接受中文编辑！"也就意味着，他的中国国际广播电台之梦破碎了。一瞬间，他从虚幻的梦中醒了过来，心情一下子跌入万丈深渊，怎么办？一阵惆怅后，又开始为前途而奔波。

225

　　一天，广东一家电台打算招人，他二话没说，马上买了张去广东的火车票，打算再为前途赌一把。就在这时，另一个机遇和他不期而遇：中央人民广播电台招人。刚开始，他有些犹豫，中央人民广播电台竞争异常激烈，这一去会因祸得福吗？不管成不成，先试一试吧！他没料到，正是这个决定，竟改变了他的命运。由于所抱希望不大，所以面试时十分自然平和。面试结束后，他被告知，面试结果要过几天才出来。所以，他必须退掉去广东的火车票。这下，他又陷入了困境，广东那家电台招聘截止日期马上就要到了，而中央人民广播电台也没有给任何说法，这样下去，会不会鸡飞蛋打两头落空？他心里有点打鼓。

　　几天后，中央人民广播电台给他传来消息："你已被录取！"下一秒的事，谁说得清？

　　在一次采访中，白岩松回首这段往事时，颇有感慨地说："人生的确是无常的，常常让你猝不及防，弄得你手足无措，甚至狼狈不堪。不过，话又说回来，人生的可爱之处，多半也就在这无常之中，难道不是吗？因为你无法预知未来将会发生什么事情，所以，才有意外的惊喜。"

★ 点　评

　　作者选用白岩松，一个大家都不陌生的人物的经历来说明"生活永远值得期待"这样一个道理。以名人的经历带出生活的哲理，这样写的好处是励志性强，也较容易引起读者的共鸣。

让心先到达

作家心语：让心先到达终点。成功，永远属于那些敢于想象的人。

读书时，我就养成了晨跑的习惯。每天绕图书馆跑三圈，尽管距离不长，却把我折腾得气喘吁吁、头晕目眩、全身乏力。特别是接近终点时，感觉心脏都快炸了。所以，我那时我从没想过要再多跑一段距离，哪怕是一米。

有一次，我突然产生一个想法："今天我要跑六圈。"

一圈、两圈……五圈、六圈，我居然奇迹般地完成了任务。虽然，跑完后的状况与以前是一个样：呼吸仓促、天昏地暗。但它却随着圈数的增加而延时出现。

小故事可以悟出大道理。在刚开始时，我的能力也许在三圈左右，但随着时间的推移，耐力在一点一点增强，这个过程中的变化十分微妙，自己根本觉察不到。因此我依然生活在过去：我只能跑三圈。六圈，于我而言，是非分之想。从三圈过渡到六圈的过程中，其实还有一段小小的插曲：有一天，有一位同学问起我晨练的情况，他惊讶地说："都一学期了，你还只能跑三圈啊！"那一刻，我那颗年轻不安分的心开始变得躁动起来：明天跑六圈！

我记得，职业登山运动员最爱说的一句话是"因为山在那里"。在登山之前，他们的心就已经登顶了。所以，便没有什么能挡得住他们登顶的脚步。同样，第一次跑六圈前，我的心早已跑完了全程，它在终点等候我，呼唤我。因此跑完三圈时，我已忘记的疲劳只剩下挑战与奋争，心里面只有一个想法：一定要跑完六圈。

受跑步的启示，我便将每次做五十个俯卧撑向一百个进军，成功了……

很多时候，我们并不缺乏成事的能力，而是缺少一颗敢于想象的心。正因为如此，成功与我们擦肩而过。很多事情并非我们想象中的那么复杂、艰难，但因为没有"做梦"的习惯，快到手的胜利最终不翼而飞。

面对生活中的千千万万，我们也可以像跑步、做俯卧撑那样：让心先到达终点。成功，永远属于那些敢于想象的人。

点 评

没有想象力，怎么会有行动力呢？只有让心先到达终点了，人才会跟着到达终点。作者从"晨跑"这样一个生活小细节中悟出了这么一个大道理，说明了什么？说明时时事事都有可能藏着大道理、大智慧，只要我们用心去感悟。

何为"鼠猫"？

作家心语：人，不能失掉"本真"。

一次偶然的机会，我在一本书上看到下面这样一则寓言故事，其中所蕴含的道德教训让我感触很深。

有一只猫长得怪模怪样，为了显示它的奇特，主人想给它起一个最伟大的名字，绞尽脑汁，最终想到以凶猛著称的老虎，便唤之为"虎猫"。一位客人讲，老虎固然勇猛，但远不如龙的神力，不如改为"龙猫"吧。另一位客人说，龙虽然有巨大的神力，但它升天时必须借助于浮云，请更名为"云猫"。又一位客人讲，云虽能遮天，但风一吹，全散了，不如改作"风猫"吧。再有一位客人讲，风再大，也吹不倒坚固的墙，唤作"墙猫"更好些。最后一位客人讲，墙虽然坚固，但老鼠可以在里面打洞，取名为"鼠猫"再适合不过了！主人连忙摆手，还是唤作猫吧。

故事别致有趣，众人读后都忍俊不禁，笑过之后，我们是不是该有所悟呢？无论是唤作"虎猫"、"龙猫"还是别的，猫还是猫，又何必起一些可笑甚至近乎荒唐的名字呢？

每个人原本都是一个独特的个体，但可能是因为名因为利，这种独特一直没有示人的机会，久而久之，它渐渐地被人淡忘，最终长埋心底。在我们的一生当中，可能扮演过无数角色，但是，有几回是在演自己呢？我想，答案是不乐观的。无论外界怎样，我们自始至终要保护好心中的那片净土不受污染，否则，我们笑的其实就是我们自己。

总之，人，不能失掉"本真"。

★ **点 评**

　　寥寥几笔就可以把一个事物勾勒得栩栩如生，短短五百字也可以把一个大道理说清说透。本文叙事，简洁明了，说理，也简单直白，真是够短，也够精。

曾国藩的处世智慧

作家心语：待人接物，既要为自己着想，又要让对方心悦诚服，这才是艺术。

唐浩明在《曾国藩全传》里记载了这么一则故事。咸丰年间，英法联军攻打北京，眼看京师快要沦陷了，咸丰皇帝急忙带着后宫近臣逃往热河行宫。临走之前，他做了两项安排：一是让恭亲王奕䜣留在北京代表清政府与英法议和；二是下了一道十万火急的上谕给曾国藩，命他火速派兵进京救驾。咸丰皇帝听取了大臣胜保的建议，在谕旨中明确指出，要他派鲍超领精兵数千，即日启程赶赴京师，到时再交由胜保全权指挥。

了解这段历史的人都知道，鲍超是曾国藩的得力战将，他作战勇猛，屡立战功。而胜保是朝廷大臣，出身满洲镶白旗。此人领兵打仗不行，玩弄权术、阿谀奉承倒是行家，并深得皇上的器重。

此时曾国藩远在安徽祁门正指挥湘军与太平军殊死作战，接到这道谕旨，他不由得眉头紧锁。凭借其敏锐的洞察力，曾国藩一眼就看出了此事的真相。

谕旨发出时，英法联军已临城下，此时从千里之外调兵进京勤王，简直是天方夜谭。咸丰皇帝显然是被突然变故吓昏了头。更何况，洋人的武器装备先进，与他们打起来，湘军再骁勇善战，也必输无疑。此外，这道谕旨中还有胜保的一个不可告人的目的，这几年，胜保也在领兵与太平军作战，但屡战屡败，为了壮大自己的队伍，他想借护驾之名把鲍超夺为己有。鲍超是曾国藩的爱将，当然舍不得放他走。另外，凭借以往与洋人打交道的经验，曾国藩料定，洋人此举，并没有加害皇上之意，只是想占更多的便宜罢了。

所以，基于以上情况，于公于私，曾国藩都不能派兵北上。但皇帝有难，臣子岂能坐视不管？洋人即使不再北进一步，湘军将士也应该受命入京。否则，万一龙颜大怒，抗旨的罪名足以让他被满门抄斩。即使皇上将来不和他计较，此时外夷入侵，国难当头，身为朝廷重臣却拒不出兵，也无法向世人交代，弄不好一世英名全毁了。进也不是退也不是，曾国藩陷入了左右为难的境地。

这时，李鸿章给曾国藩出了个主意。曾国藩听后拍案叫绝，马上给皇上拟了份奏折，大意是，鲍超身份卑微，能力不足，而皇上的安全事关重大，派他进京护驾我着实不放心。我和胡林翼都很想亲自领兵北上勤王，但我俩不能同去，必须要留下一个指挥军队与太平军作战，所以请皇上在我和胡林翼之间指派一人进京。胡林翼当时是湖北的巡抚，既是曾国藩的好友，又是湘军的重要将领之一。

仅从表面上看，此奏折足以说明曾国藩对进京救驾的万分重视，实际是缓兵之计。

而那时，最快的交通工具是马，北京到安徽祁门路途遥远，最快的马也要走十几天。咸丰皇帝的上谕发出十来天后，曾国藩才收到，他收到后犹豫了十几天才给皇帝发出了请示奏折，这份奏折在路上用了半个多月，咸丰皇帝才收到，然后再给曾国藩传去谕旨，又花了半个来月，这一去一回，花了将近两个月的时间。根据以前与洋人相处的经验，曾国藩可以肯定，在这段期间内，清政府早已跟洋人议和成功了，到那时派兵进京勤王已是过丘之水了。

果然不出曾国藩所料，一个多月以后，咸丰皇帝发来谕旨：议和成功，不必派兵北上。既向皇帝表示了身为臣子的耿耿忠心，又不用出兵，可谓是两全其美。

如何待人接物其实是一门很深的学问，既要为自己着想，又不能因为自己的利益而得罪他人，而且要让对方心悦诚服，的确不容易。曾国藩的交际艺术，值得众人学习。

★ **点　评**

　　尽管曾国藩这个人物，历史评价不一，但是不可否认的是，他的交际艺术确实是很独到，很有见地，也很值得学习。作者在选材的时候，取其精华弃其糟粕，这也是一种写作艺术。

肯德基真正的味道

作家心语： 无论生活中遭遇什么样的挫败，永远带着微笑前行，自信、乐观、坚持。

在酷暑难耐的炎夏，或者天寒地冻的严冬，人们经常会看见一个头发灰白的老人，开着一辆随时都有可能散架的旧车，带着一个作料桶，身穿西装，戴着黑框眼镜，穿梭在大街小巷，向饭店老板推销炸鸡秘方的特许权。但是，没有一个人相信这个神秘的老头，迎接他的是一次次的拒绝，一次次的打击，一次次的挫败。整整两年，他被拒绝了1009次！

接连不断的拒绝并没有使这个倔强的老头产生放弃的念头，反而愈挫愈勇。否极泰来，第1010次，他终于成功了。那天，山德士依旧带着微笑又一次走进一家餐厅，向老板推销自己的炸鸡。最终，老板居然被他说服了，答应试一试。不久，第一家被山德士授权经营的餐厅建立了。老人满怀欣喜，又全心全意地投入了下一次努力，于是，越来越多的人开始认可他的创意。星星之火，可以燎原。短短数载，他的事业越做越大，时至今日已经遍布全世界。

是的，他就是肯德基的创始人——哈兰德·山德士。

无论生活中遭遇什么样的挫败，永远带着微笑前行，自信、乐观、坚持，这才是肯德基的真正味道吧。

★★★ **点　评**

有一种味道，是饱含自信、乐观和坚持精神的，这是肯德基味道，也是做人做事应具备的精神和态度。作者选用肯德基创始人哈兰德·山德士推销炸鸡的故事将这种精神和态度推广给了广大的读者。

心态决定高度

作家心语： 看成败，人生豪迈，只不过是从头再来。

破产富翁高逸峰在《中国达人秀》节目以一首《从头再来》唱响大江南北，成为当年颇高人气热点搜索。

高逸峰，一夕间从千万财产到负债累累，一夜间白了头，然后成为一个小小包子铺的老板，这期间的巨大变化不是一个普通人能承受的，但他却淡定如常，继续他的唱歌爱好，以自己的人生感悟唱了一首震撼人心的歌，沧桑，深刻，刺激了所有人的灵魂。

心若在梦就在，天地之间还有真爱。他不想发财，他看破红尘，在他的眼里，金钱不一定是好东西，不一定是人生的终极目标，他只想默默地卖包子。他参加达人秀，只是为了表达自己的爱好，喜爱文艺，并表达自己多年的情怀。他集历史沧桑感、灵魂按摩师于一身。他的人生经历虽然跌宕起伏、十分坎坷，但拥有默默在背后支持他的好妻子。妻子在节目现场短短的一段发言，同样让我们感动。当评委伊能静问道："你先生遇到人生事业上这么大的挫败时，你是怎么陪伴他的呢？"她说："那段时间我经常鼓励他，人生起伏，如果有机会，你会重新站上舞台的，因为我觉得我先生是最棒的！"寥寥数语，让我们感受到了她的坚强、温柔、贤惠、善良。

现场，评委高晓松说："我叫你声哥，是你让我了解到了什么叫人生豪迈。"现在的他，以淡定的心态努力、认真地生活，同样他继续为自己的爱好而坚持着，让我们体会到了一个真汉子的人生性情。

这是怎样的一个真汉子！

现今的人生活越来越好，但同样，承受能力也越来越差。遇到一点点挫折，不是去想怎么解决，而是不停地抱怨，向别人寻求安慰帮助，这样的人能成就什么大事？没有良好的心态，即使你能力再强也没用，一次挫折就能把你打倒。有句话说：心态决定高度。现在的年轻人总是一个劲儿地冲，认为事业的成功就是人生的成功，而现在的成功引申为生活的快乐，我们不仅要成就事业，还要保证生活的质量，而良好的心态就是最重要的保障。

拥有良好的心态，就是以淡定的态度对待生活的成与败，以乐观的心态看待生活的喜与乐。淡定人生，也能舞出精彩人生。

★ 点　评

　　人的心态可以决定人的高度吗？作者用破产富翁高逸峰的经历告诉读者，答案是肯定的。本文的主题思想并不新颖，但是选取扣题的题材十分新颖，高逸峰是在中国达人秀上高歌一首《从头再来》从而赢得了全国电视观众的掌声的，作者除了看中他的经历外，看中的还有他的观众缘，读者的熟悉度。

一缕绿意价值百万

作家心语：幸福生活不只在于丰衣足食，也在于碧水蓝天。

最近，加拿大渥太华一个叫安克图的小商人因为善心打了一场"冤枉"的官司。

2011年，安克图耗去毕生积累，终于有了属于自己的房子和车子。安克图的房子坐落在最繁华的市区，当初他买车的时候，还不觉得怎么拥挤。而如今，一种突然的变化让他始料未及，从他家往下望，密密麻麻的车挤满了小区。

这让安克图感到十分忧心。他找到小区的负责人，多次建议，但都石沉大海，杳无音信。有一次，他经过一块绿化带的时候，突发奇想，如果在这里修建几个停车位，不正好解决了自己的难题，也为小区其他用户提供了便利？

安克图是个说到做到的人，他迅速联系了施工人员，为了打通关系，安克图还用金钱贿赂了小区的保安人员，安克图的理由很简单，小区的绿化带有几十块，也不差这么一块，但如果能尽可能多建几个停车位，不是正好能解决停车难的问题吗？

2011年底，安克图在绿化带上新建了五个停车位，一个留给自己，另外四个他打算免费送给其他有需要的住户。

但安克图没有想到的是，他居然被小区的几位住户告上了法庭，几位住户住在四楼，以前每次打开窗户，都能看到那片绿色，而现在，他们的眼中缺少了绿色，心中缺少了安静，温馨感和安全感也随之失去。几位住户向安克图索要100万美元的赔偿，因为那一抹绿意价值百万。

法庭上，安克图觉得自己很冤，他本来就是在做一件善事，于是他对几位住户提出的巨额赔偿金表示不能接受，双方为此争论不休。

几位住户的律师想出了一个办法，让安克图试着和那些绿叶沟通，如果点头，就代表同意安克图的做法，如果不动，安克图必须在一个月内恢复原貌，并承担相应的赔偿。

让安克图感到不可思议的是，法院居然接受了律师的意见。很显然的是，不管安克图如何呐喊，那些绿叶一点反应都没有。自然，安克图输了这场离奇的官司。安克图并没有选择上诉，从这次官司里，安克图认识到了自己的错误，他坦然接受了法官的裁决，考虑到安克图的实际情况，法院决定让他去承担小区的绿化维护人，聘期10年，每年10万美元，正好抵销所要赔偿的100万美元。

100万美元折合人民币大概600多万。所以，如果你的身边有大片的绿意，那么你应该很自豪，因为你已经是一个很富有的人了，所以请格外珍惜那缕缕绿意吧，因为，一缕绿意就价值百万。

★ 点 评

　　首先我必须为作者讲述的这个故事点赞，因为这个故事实在是太吸引人了，也太有深刻的社会意义了。其次也要给作者点赞，因为作者能从一个"冤枉"的官司中找到生活的大哲学"一缕绿意价值百万"，号召大家行动起来珍惜身边的缕缕绿意，实在是太给力了！

泰勒，我希望你能回去

作家心语：你什么时候有了勇气去面对过错，别人就会以同样的微笑和宽容来回报你。

泰勒是明尼苏达州明德中学的一位男生，他是一个非常调皮的孩子，喜欢逃学，成绩很差，而且脾气也不好，经常把别人骂得狗血喷头，因此，班上的同学都不喜欢他，泰勒也没想过悔改，他固执地认为那是别人目光短浅，视野狭隘，攀交不了像他这么优秀的人。

那天，泰勒心情很好，他准备好好去学校上课，走到半路上，就听到别人说，总统奥巴马正在来霍尼韦尔工厂的路上，他准备在那里举行有关促进就业的演讲。泰勒一听乐了，奥巴马正是他的偶像，偶像前来，岂有不去关注的道理。泰勒立即打电话给父亲，得知父亲也去了，泰勒想都没想，就朝霍尼韦尔工厂飞奔过去。

到霍尼韦尔工厂时，工厂外已经是人山人海，泰勒艰难地朝前面挤，出了一身汗，才有幸挤到了第一排，让泰勒惊讶的是，父亲就在他的旁边。看到他居然逃课，父亲的脸都变绿了："泰勒，你赶紧回去。"泰勒摇摇头说："我现在有比上课更重要的事情，那就是听偶像的演讲，抱歉，父亲，我不能答应你的要求。"

让泰勒没有想到的是，总统奥巴马其实早就注意这个特殊的听众了，演讲一结束，他就找到了泰勒。"你不喜欢读书？""不是的，我还是非常喜欢学习的。只是，我的同学们都不喜欢我，所以，我不太喜欢去上课。" 泰勒说。

"我并不认为是这样，我想，你肯定是逃课来的吧。我给你开张请假条，你拿着这个请假条回去问问，看有多少人不喜欢你。"总统奥巴马说。奥巴马立马拿出纸和笔来，写下了一行字：埃克森老师，请原谅泰勒，他是跟我在一起。

泰勒拿着总统写的请假条回到学校，他怕老师将请假条"据为己有"，于是复印了一份给老师，但老师依然被惊得目瞪口呆。老师把这份请假条又复印了50份，每个学生一份。让泰勒万万没有想到的是，班上所有同学拿到这个请假条后，无一例外地在上面写了一句： 泰勒，你是好样的，我们向你学习。"天啊！同学们居然还想向我学习。"泰勒惊喜地叫了起来，他兴奋地对老师说， "老师，太棒了，我一定会好好学习！"

泰勒重新走进了教室，但与以往不同的是，这次他是心怀感恩走进去的，泰勒从内心里感谢同学们对他的宽容和谅解，从那以后，他再也没和同学吵过架，脸上时时都挂着友善的微笑。

是什么改变了自己？泰勒思考了许久终于明白，是总统的勉励、同学们的包容改变了自己，当然，前提是自己有勇气去跨出这一步，你什么时候有了勇气去面对过错，别人就会以同样的微笑和宽容来回报你。

★ 点 评

不落俗套的故事情节，不矫揉造作的情感描写，不撼天动地的干练收尾，是这篇文章给我的第一印象。很佩服作者叙事散文的写作能力，他能收集到我们不曾看到过、听到过，甚至是鲜为人知的名人经历过的故事进行深加工，确实不同凡响啊。

后记

许多年前曾从老师那儿听到过这样一个故事。

从前,山里有个世外桃源,里面住着苦、乐、悲、伤和微笑,还有其他各种情感。

一日,情感们得知火山快要爆发了,于是大家都准备车马想要离开此地。只有微笑留了下来,微笑想请人帮忙。

这时,贪婪乘着一辆大马车经过,微笑说:"贪婪,你能带我离开吗?"贪婪答道:"不,我的车上已装满了金银财宝,没有你的位置。"微笑看见苦待在一辆小马车里:"苦,带我走吧。""我,我帮不了你,我一个人已经够苦了,再搭上你,我就没法活了。"

耻辱过来了,微笑向他求救。"哦……微笑,我实在是觉得丢脸得很,我得一个人静静。"快乐也经过微笑的身旁,只是她太陶醉了,竟没有听见微笑的呼喊声。

突然,一个年老的声音传过来:"过来,微笑,我们一起走。"微笑大喜过望,连忙跑过去,也忘了问他的名字。

微笑对老者感激不尽,便问同车的一位财富者:"请问,带我走的那位长者是谁?"老人答道:"是生命,因为只有生命才懂得微笑有多么伟大!"

朋友,好好使用微笑的力量吧,因为也只有用微笑的态度演绎的生命才懂得生活的真谛。如果你善待了微笑,你就会很快发现,成功其实离你很近,近得只隔一个手指的宽度。

是为后记。

图书在版编目（CIP）数据

有一种态度比财富更重要／骆青云著；李雪点评
．—哈尔滨：哈尔滨出版社，2016.1
（高考语文热点作家作品精选）
ISBN 978-7-5484-2289-1

Ⅰ．①有… Ⅱ．①骆…②李… Ⅲ．①阅读课—高中
—课外读物 Ⅳ．①G634.333

中国版本图书馆CIP数据核字（2015）第 230112 号

书　　名：**有一种态度比财富更重要**

作　　者：骆青云　著　李　雪　点评
责任编辑：杨浥新　韩金华
责任审校：李　战
装帧设计：上尚装帧设计

出版发行：哈尔滨出版社（Harbin Publishing House）
社　　址：哈尔滨市松北区世坤路738号9号楼　　邮编：150028
经　　销：全国新华书店
印　　刷：哈尔滨市石桥印务有限公司
网　　址：www.hrbcbs.com　　www.mifengniao.com
E－mail：hrbcbs@yeah.net
编辑版权热线：（0451）87900271　87900272
邮购热线：4006900345（0451）87900345　或登录蜜蜂鸟网站购买
销售热线：（0451）87900201　87900202　87900203

开　　本：787mm×1092mm　　　1/16　　印张：16　　字数：215千字
版　　次：2016 年 1 月第 1 版
印　　次：2016 年 1 月第 1 次印刷
书　　号：ISBN 978-7-5484-2289-1
定　　价：28.00元

凡购本社图书发现印装错误，请与本社印制部联系调换。　服务热线：（0451）87900278
本社法律顾问：黑龙江佳鹏律师事务所

相关阅读推荐

中考语文热点作家作品精选

中考语文 杯记得茶的香

中考语文 静待时光安然成长

中考语文 心灵痒痒挠

中考语文 站在云朵之上看幸福

中考语文 点亮自己，你就是一束光

高考语文热点作家作品精选

高考语文 有一种态度比财富更重要

高考语文 我没有草原，但我有过一匹马

高考语文 时光清浅微雨在楹

高考语文 青春的伤，痛过之后会长出翅膀

高考语文 第一百朵玫瑰